**Éthique et culture religieuse
2e année du 2e cycle du primaire**

Autour de nous

**Élise Cardinal
Élisabeth Lacoste**

Manuel B

Avis aux lecteurs et aux lectrices

Il existe d'autres façons d'écrire certains termes propres à chaque
tradition religieuse. L'orthographe adoptée dans la présente collection
est conforme à la graphie employée dans la version finale du programme
Éthique et culture religieuse du primaire.

LES ÉDITIONS
CEC
Une compagnie de Quebecor Media

8101, boul. Métropolitain Est, Anjou (Québec) Canada H1J 1J9
Téléphone : 514-351-6010 Télécopieur : 514-351-3534

Direction de l'édition
Catherine Goyette

Direction de la production
Danielle Latendresse

Direction de la coordination
Rodolphe Courcy

Charge de projet et révision linguistique
Linda Tremblay

Correction d'épreuves
Jacinthe Caron

Conception graphique

matteau parent
graphisme et communication
Geneviève Guérard et Chantale Richard-Nolin

Réalisation graphique et mise en pages

matteau parent
graphisme et communication
Chantale Richard-Nolin

Illustrations
Marie Lafrance (couverture), Sophie Lewandowski (modules 1 et 7), Nicolas Debon (module 2), Julie Besançon (module 3), Volta Créations (modules 4, 5 et 6), Daniela Zekina (module 8)

Recherche iconographique
Perrine Poiron et Jean-François Beaudette

Les auteures et l'Éditeur tiennent à remercier les personnes suivantes, qui ont participé au projet.

Consultants scientifiques (contenu éthique et culture religieuse)
Benoît Mercier
Benoît Patar
Pierre Després
Robert Rousseau

Consultants pédagogiques
Louise Dion, commission scolaire Marie-Victorin
Catherine Giguère, commission scolaire de la Beauce-Etchemin
Mélanie Gilbert, commission scolaire de Portneuf
Nathalie Racette, commission scolaire de Montréal
Danielle Vincent, commission scolaire de Saint-Hyacinthe

Les Éditions CEC remercient le gouvernement du Québec pour l'aide financière apportée à l'édition de cet ouvrage par l'entremise du Programme de crédit d'impôt pour l'édition de livres, administré par la Sodec.

Autour de nous, Manuel B

© 2008, Les Éditions CEC inc.
8101, boul. Métropolitain Est
Anjou (Québec) H1J 1J9

Dépôt légal : 2008
Bibliothèque et Archives nationales du Québec
Bibliothèque et Archives Canada

ISBN 978-2-7617-2648-1

Imprimé au Canada
1 2 3 4 5 12 11 10 09 08

Crédits photographiques
H : Haut   **B :** Bas   **M :** Milieu   **D :** Droite   **G :** Gauche

8 BD © 36821576© 2008 Jupiter Images et ses représentants **12 BG** © Marco_Sc/Shutterstock **16 HD** © Archana Bhartia/Shutterstock **17 HG** © Image Source/La Presse Canadienne **17 HM** 36821576 © 2008 Jupiter Images et ses représentants **17 HD** © Cindy Hughes/Shutterstock **34 B** © Lukyanov Mikhail/Shutterstock **37 HM** © Aaron Rutten/Shutterstock **37 HD** © Keith Levit/Shutterstock **37 BD** © Werner Forman/Corbis **39 HD** © Ceerwan Aziz/Reuters/Corbis **41 MD** © Mikhail Levit/Shutterstock **42 HD** © Robert Mulder/Godong/Corbis **62 MG** © Erich Lessing/Art Resource **62 MD** © Getty Images **64 BG** 37045813© 2008 Jupiter Images et ses représentants **64 BG** © Odelia Cohen/Shutterstock **64 BG** © Joan Loitz/Shutterstock **64 BG** © Georgios Kollidas/Shutterstock **82 BG** © Dave Bartruff/Corbis **91 M** © Perrine Poiron **92 HG** © Parc national d'Oka, Charles Grégoire, Sépaq **92 HD** © Danvoye.Jean-Pierre/Publiphoto **92 BG** (c) Clusiau.Eric/Publiphoto **92 BD** © Conseil des Innus de Pessamit/Collection Papinachois-Serge Jauvin **93 HG** © Adam, Paul G./Publiphoto **93 HD** © David Haguenauer, 2006, Kurokatta.org **93 BG** Guy Gauthier © Le Québec en images, CCDMD **93 BD** © Jardin Botanique de Montréal/Publiphoto **94 HG** 6680 Paul Grant © Le Québec en images, CCDMD **94 HD** Beauchamp/Shutterstock **94 BG** 13024 Christian Lauzon © Le Québec en images, CCDMD **94 BD** 262 Denis Chabot © Le Québec en images, CCDMD

Table des matières

: contenu en culture religieuse.

: contenu en éthique.

Lettre à l'élève

Bonjour toi !

Dans ton manuel *Autour de nous*, tu exploreras le monde de l'éthique et de la culture religieuse. Un peu partout, tu verras des bouts de tissu cousus les uns aux autres, comme dans une courtepointe. Ce n'est pas un hasard.

Cette courtepointe représente en quelque sorte la société dans laquelle tu vis. Comme les personnes, chaque morceau est unique et différent des autres, mais fait partie d'un tout bien plus grand. Chaque morceau est aussi lié aux autres par un fil. Ce fil peut être comparé aux relations que les gens ont entre eux et au dialogue qu'ils utilisent pour communiquer. Plus le fil est de qualité, plus la courtepointe sera solide. Plus le dialogue est respectueux des autres et efficace, plus il sera facile de vivre ensemble, en harmonie.

Viens découvrir ce qui se passe autour de toi et de tes camarades.

Viens découvrir ce monde, *Autour de nous...*

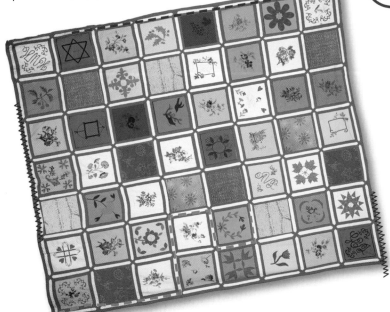

Mode d'emploi

Chacun des deux manuels **Autour de nous** comprend huit modules qui développent les compétences relatives à l'éthique, à la culture religieuse et à la pratique du dialogue. À la fin de chaque manuel se trouve une section appelée **La boîte de dialogue**.

Unik, une des mascottes de la collection, en présente le contenu. Elle est utilisée tout au long du manuel lorsqu'une occasion de dialogue se présente. L'autre mascotte, **Fil**, est employée dans la rubrique **Les infos de Fil**.

Unik.

Des morceaux de courtepointe nous rappellent que la diversité permet de faire un tout harmonieux. Aussi, chaque pièce de tissu accompagne deux modules.

Le titre du module annonce le thème abordé.

Module 3

Jours de deuil

Est-ce qu'il t'est déjà arrivé de perdre une personne que tu aimais beaucoup ? Dans ce module, tu auras l'occasion d'observer des gestes qui peuvent réconforter des personnes qui vivent un deuil. Tu découvriras également qu'il existe plusieurs façons de dire adieu aux personnes décédées.

Un court texte donne un aperçu du contenu abordé au cours des unités.

30

31

Titre de l'unité

Un pictogramme indique que le texte de la première unité est repris sur un CD audio.

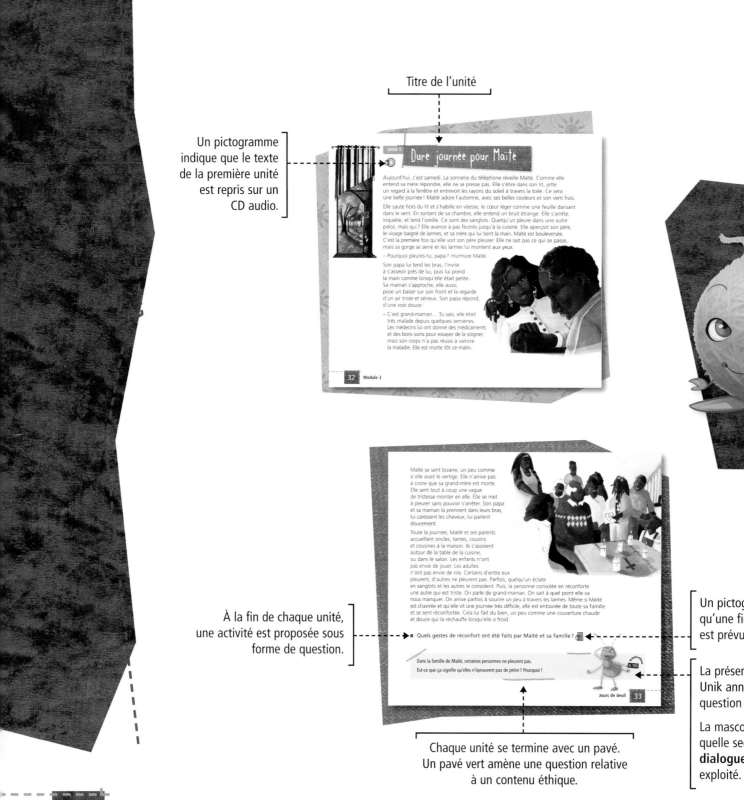

Unité 1

Dure journée pour Maïté

Aujourd'hui, c'est samedi. La sonnerie du téléphone réveille Maïté. Comme elle entend sa mère répondre, elle ne se presse pas. Elle s'étire dans son lit, jette un regard à la fenêtre et entrevoit les rayons du soleil à travers la toile. Ce sera une belle journée ! Maïté adore l'automne, avec ses belles couleurs et son vent frais.

Elle saute hors du lit et s'habille en vitesse, le cœur léger comme une feuille dansant dans le vent. En sortant de sa chambre, elle entend un bruit étrange. Elle s'arrête, inquiète, et tend l'oreille. Ce sont des sanglots. Quelqu'un pleure dans une autre pièce, mais qui ? Elle avance à pas feutrés jusqu'à la cuisine. Elle aperçoit son père, le visage baigné de larmes, et sa mère qui lui tient la main. Maïté est bouleversée. C'est la première fois qu'elle voit son père pleurer. Elle ne sait pas ce qui se passe, mais sa gorge se serre et les larmes lui montent aux yeux.

– Pourquoi pleures-tu, papa ? murmure Maïté.

Son papa lui tend les bras, l'invite à s'asseoir près de lui, puis lui prend la main comme lorsqu'elle était petite. Sa maman s'approche, elle aussi, pose un baiser sur son front et la regarde d'un air triste et sérieux. Son papa répond, d'une voix douce :

– C'est grand-maman… Tu sais, elle était très malade depuis quelques semaines. Les médecins lui ont donné des médicaments et des bons soins pour essayer de la soigner, mais son corps n'a pas réussi à vaincre la maladie. Elle est morte tôt ce matin.

32 Module 3

Maïté se sent bizarre, un peu comme si elle avait le vertige. Elle n'arrive pas à croire que sa grand-mère est morte. Elle sent tout à coup une vague de tristesse monter en elle. Elle se met à pleurer sans pouvoir s'arrêter. Son papa et sa maman la prennent dans leurs bras, lui caressent les cheveux, lui parlent doucement.

Toute la journée, Maïté et ses parents accueillent oncles, tantes, cousins et cousines à la maison. Ils s'assoient autour de la table de la cuisine, ou dans le salon. Les enfants n'ont pas envie de jouer. Les adultes n'ont pas envie de rire. Certains d'entre eux pleurent, d'autres ne pleurent pas. Parfois, quelqu'un éclate en sanglots et les autres le consolent. Puis, la personne consolée en réconforte une autre qui est triste. On parle de grand-maman. On sait à quel point elle va nous manquer. On arrive parfois à sourire un peu à travers les larmes. Même si Maïté est chavirée et qu'elle vit une journée très difficile, elle est entourée de toute sa famille et se sent réconfortée. Cela lui fait du bien, un peu comme une couverture chaude et douce qui la réchauffe lorsqu'elle a froid.

À la fin de chaque unité, une activité est proposée sous forme de question.

Quels gestes de réconfort ont été faits par Maïté et sa famille ?

Dans la famille de Maïté, certaines personnes ne pleurent pas.
Est-ce que ça signifie qu'elles n'éprouvent pas de peine ? Pourquoi ?

Jours de deuil 33

Un pictogramme indique qu'une fiche reproductible est prévue à cette fin.

La présence de la mascotte Unik annonce qu'on exploite la question à l'aide du dialogue.

La mascotte Unik indique à quelle section de la **Boîte de dialogue** renvoie le contenu exploité.

Chaque unité se termine avec un pavé. Un pavé vert amène une question relative à un contenu éthique.

Fil.

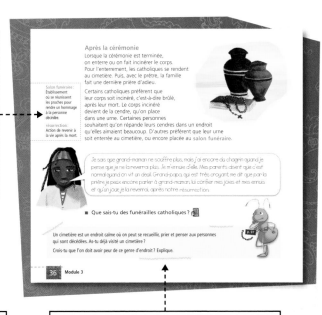

Certains mots, en bleu dans le texte, sont définis en marge afin de faciliter la compréhension du texte. Ces mots sont repris dans le glossaire à la fin du manuel.

Dans la rubrique **Rappel**, on retrouve certaines notions vues précédemment.

La rubrique **Les infos de Fil**, présentée sous forme de question et réponse, fournit des renseignements complémentaires en lien avec le sujet exploité.

Un pavé jaune amène une question relative à un contenu en culture religieuse.

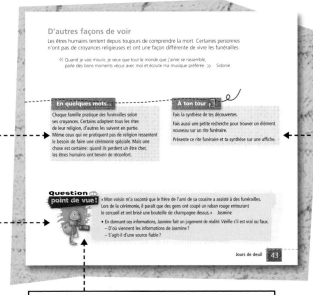

La rubrique **En quelques mots…** constitue un résumé du module en vue de la tâche de la rubrique **À ton tour**.

La rubrique **À ton tour** présente le défi. Une fiche reproductible est prévue pour en faciliter la réalisation.

La rubrique **Question de point de vue !**, à la fin de chaque module, propose un exercice en lien avec la compétence du dialogue.

Il s'agit d'exercices qui se font oralement. C'est l'occasion de reconnaître les moyens pour interroger un point de vue (types de jugements et éléments qui peuvent nuire au dialogue).

La mascotte Unik indique à quelle section de la **Boîte de dialogue** renvoie le contenu exploité.

Jours de noces

Annie et
Nicolas
xxx

As-tu déjà assisté à un mariage ? Dans ce module, tu découvriras qu'il existe plusieurs façons de célébrer une union. Les rites du mariage varient selon les valeurs et les croyances de chacun.

Un mariage champêtre

En cette matinée de septembre, Mathilde et ses parents se préparent à assister au mariage d'Annie et Nicolas, qui ont prévu un mariage civil.

– Maman, qu'est-ce qu'un mariage civil ? demande Mathilde.

– Le mariage civil se déroule devant une personne autorisée à représenter la loi. Comme Annie et Nicolas ont décidé de se marier civilement, ils devront respecter des règles et des lois établies par le ministère de la Justice du Québec. Cela se nomme le Code civil du Québec. On y précise les droits et les devoirs des époux. Le célébrant lit ces lois aux mariés. Il leur dit, par exemple, que les époux ont les mêmes droits et les mêmes obligations, qu'ils doivent vivre ensemble, se respecter, s'aider et être fidèles. Annie et Nicolas auraient pu faire un mariage religieux. Dans ce type de mariage, on doit aussi respecter les lois décrites dans le Code civil.

– Pourquoi Annie et Nicolas font-ils la célébration de leur mariage en pleine nature ? demande Mathilde.

– Les gens qui se marient civilement peuvent choisir le lieu de leur cérémonie et le célébrant. Certains se marient au palais de justice. Annie et Nicolas ont opté pour la nature parce qu'ils aiment beaucoup les fleurs et le plein air.

– Est-ce que papa et toi, vous vous êtes mariés de cette façon ?

– Non, nous avons eu un mariage catholique, car nous voulions nous unir selon nos croyances religieuses. C'est un prêtre qui a célébré notre mariage, à l'église.

Dans le jardin où se déroulera la cérémonie, Nicolas remet une fleur blanche aux invités. Annie s'approche, au bras de son père, suivie de sa mère qui jette des pétales au sol.

Annie et Nicolas se lisent leurs **serments** d'amour qu'ils ont écrits sur des parchemins, puis les brûlent dans une **urne**. Ils échangent leurs **alliances**. On les déclare unis par les liens du mariage.

Annie et Nicolas mettent des couronnes de fleurs sur leur tête. Dans le jardin, les invités dansent autour des nouveaux mariés en chantant, comme au temps des druides.

■ Que retiens-tu du mariage civil ?

Serment :
Promesse.

Urne :
Vase dans lequel on fait brûler les parchemins dans certains mariages.

Alliance :
Anneau de mariage, bague.

Certaines personnes choisissent de s'unir par le mariage.

As-tu déjà assisté à un mariage ? Raconte à tes camarades ce que tu as vu.

Narration
p. 97

Des mariages chrétiens et juifs

Le mariage est un événement, un rite, où un homme et une femme célèbrent leur engagement mutuel. Chaque religion a ses propres traditions de mariage, dont la plupart remontent à des temps anciens, mais ces traditions varient aussi selon différentes cultures passées comme présentes.

Chez les chrétiens

Les préparatifs

Avant le mariage, le couple rencontre un prêtre ou un pasteur pour discuter du déroulement de la cérémonie. Ce dernier aide les futurs mariés à mieux comprendre les promesses qu'ils vont échanger.

Le lieu

Les mariages chrétiens ont en général lieu à l'église. Dans les églises, on publie des bans. Il s'agit d'une annonce publique qui donne des renseignements sur le mariage qui va avoir lieu. Cette coutume remonte au Moyen Âge. Elle avait pour but d'empêcher des proches de se marier entre eux et d'éviter que toute personne déjà promise en épouse une autre.

Les infos de Fil

Pourquoi les chrétiens lancent-ils des confettis aux nouveaux mariés ?

À leur sortie de l'église, les nouveaux mariés sont souvent couverts d'une pluie de riz ou de confettis. Les chrétiens ont emprunté cette coutume aux Romains qui lançaient des amandes, des noix et des noisettes, pour leur souhaiter de nombreux enfants.

La cérémonie

Le jour du mariage, le marié accueille les invités à l'église, qui se réunissent pour assister à la cérémonie. Tout le monde attend la mariée, qui est généralement vêtue de blanc. Au son de la musique, la mariée entre au bras de son père, et marche jusqu'à son futur époux.

Durant la cérémonie, on dit des prières et on lit des passages de la Bible. Les mariés prononcent leurs vœux : ils promettent de s'aimer et de s'occuper l'un de l'autre pour la vie. En signe de cet engagement, ils s'échangent des alliances. Les vœux catholiques du mariage ne peuvent se rompre.

Le couple signe le registre des mariages. Le prêtre ou le pasteur, un représentant de Jésus, déclare ensuite le couple mari et femme. Après avoir prononcé leurs vœux, les mariés s'embrassent. Au son de la musique, le nouveau couple descend l'allée, la femme au bras de son mari. Plusieurs invités attendent à l'extérieur de l'église et lancent des confettis. Souvent, on en profite pour prendre des photos. Tout le monde se rend à une fête donnée en l'honneur des nouveaux mariés.

Chez les juifs

Le lieu

Les mariages juifs se déroulent dans une synagogue, dans une maison ou en plein air. Habituellement, les mariages ne sont pas autorisés le samedi, le jour du shabbat.

La cérémonie

Pendant la cérémonie, les futurs mariés se tiennent sous la huppah, un auvent en tissu soutenu par quatre colonnes. La huppah symbolise le nouveau foyer que le couple va partager.

Rappel

Chez les juifs, le shabbat est un jour de repos consacré à Dieu.

Le rabbin lit les Écritures et explique aux futurs époux la signification du mariage. Il les invite à signer le Ketoubah, un contrat de mariage contenant les promesses échangées par le couple, puis il lit le contrat à haute voix. Le rabbin bénit les époux et partage du vin avec eux. Le marié offre un anneau d'or à la mariée. Parfois, à la fin de la cérémonie, le marié brise un verre à vin sous son talon. Cette tradition très ancienne fait référence à la destruction du Grand Temple des juifs à Jérusalem, il y a plus de 2000 ans. Ce geste rappelle au couple que la vie commune sera faite de joies, mais aussi de peines.

Ce jour de bonheur se termine par une fête. La musique est souvent traditionnelle. On interprète des chansons folkloriques et tout le monde danse.

■ Que retiens-tu du mariage religieux chez les chrétiens ? chez les juifs ?

Les mariés portent leur alliance à l'annulaire de la main gauche, car anciennement, certaines personnes pensaient qu'une veine allait de ce doigt directement au cœur.

Dans les mariages chrétiens et les mariages juifs, les mariés s'offrent un anneau. Quelle est la différence entre ce rite chez les chrétiens et chez les juifs ? Compare-les.

Comparaison p. 101

Des mariages musulmans et hindous

Chez les musulmans

Le lieu

Les mariages musulmans se déroulent à la maison du marié ou de la mariée, ou à la mosquée.

La cérémonie

Les mariés sont obligatoirement accompagnés de leurs témoins. Lorsque la cérémonie débute, l'imam, ou toute autre personne de religion musulmane, récite un passage du Coran et prononce un discours sur les devoirs du mariage. À trois reprises, il demande aux futurs mariés s'ils acceptent le mariage. Dans la plupart des cas, les futurs mariés sont agenouillés devant lui. Dans d'autres cas, ils sont assis dans des pièces différentes. Ce sont alors les témoins qui leur servent d'intermédiaires en transmettant leurs réponses d'une pièce à l'autre.

Les époux signent un contrat qui établit les règles de leur mariage. On récite des prières pour leur future vie commune en souhaitant aux mariés d'être aussi heureux que le prophète Muhammad. Le mariage se termine par une fête.

Les motifs symbolisent l'amour.
Ils varient selon les régions où
on célèbre le mariage.

Chez les hindous

Les préparatifs

La future mariée hindoue porte un **sari** de soie rouge brodé d'or. Ses pieds et ses mains sont recouverts de henné, une teinture végétale.

Sari :
Costume féminin composé d'une longue pièce de tissu drapée et ajustée sans couture ni épingle.

La cérémonie

Le mariage et la cérémonie hindous peuvent durer jusqu'à douze jours et se dérouler traditionnellement chez les parents de la mariée. Certains hindous riches célèbrent leur mariage dans les grands hôtels. Le rituel du mariage peut comprendre plusieurs rites. Il est présidé par le brahmane.

Les écharpes des mariés sont nouées ensemble pour montrer qu'ils sont unis pour la vie. En offrande aux dieux, les époux lancent du riz dans le feu rituel.

Le mariage devient officiel lorsque les mariés font les sept pas autour du feu rituel. À chaque pas, ils prononcent un vœu. Ils se souhaitent des enfants, de la santé, du bonheur, de la richesse, de la nourriture, de la chance et de bons amis. Le couple est maintenant marié. Les réjouissances suivent : abondance de nourriture, chant, etc. Une grande fête est organisée.

■ Que retiens-tu du mariage religieux chez les musulmans ? chez les hindous ?

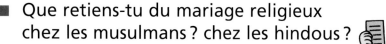

Dans la plupart des rites de mariage, il y a la signature d'un contrat, d'un engagement des époux. Pourquoi, selon toi ?

Explication p. 102

Portrait de mariage

Le mariage est un événement important, qu'il soit civil ou religieux. Il symbolise un engagement entre deux personnes.

Un mariage civil.

Un mariage catholique.

La mariée hindoue se peint une marque rouge dans les cheveux.

En quelques mots...

Chaque couple célèbre son mariage selon ses croyances et les habitudes locales. Certains adoptent tous les rites de leur religion, d'autres les suivent en partie. Les personnes qui ne pratiquent pas de religion peuvent se marier civilement, ou personnaliser leur cérémonie en choisissant un célébrant qui prône des valeurs qui leur tiennent à cœur.

À ton tour 📑

Crée un album sur la cérémonie d'un mariage. Il peut s'agir d'un mariage religieux ou civil auquel tu as déjà assisté. Tu peux aussi choisir le rite d'un mariage que tu as aimé dans ce module.

– Choisis un rite de mariage.

– Illustre-le.

– Explique ce rite en mentionnant la tradition à laquelle il appartient et en décrivant le lieu et la cérémonie.

Question de point de vue!

p. 103

« On devrait interdire les mariages. »   Gisèle

• En suggérant d'interdire le mariage, Gisèle fait un jugement de prescription.

– Penses-tu qu'il y a des raisons que pourrait donner Gisèle qui expliqueraient pourquoi elle dit cela ?

– À ton avis, son interdiction a-t-elle des chances d'être respectée ?

Des gens stimulants

Notre milieu de vie et les personnes qui nous entourent ont une influence sur ce qu'on est, ce qu'on devient. Dans ce module, tu te rendras compte qu'ils influencent nos goûts, nos intérêts, nos principes et nos idéaux.

Des ressemblances et des différences

Simon et Mathieu ont neuf ans. Ce sont des jumeaux identiques. Cela veut dire qu'ils ont les mêmes gènes. Les gènes, c'est un peu le bagage que nous transmettent nos parents en nous mettant au monde. Dans le cas de jumeaux identiques, ces gènes sont les mêmes. Mathieu et Simon se ressemblent beaucoup. Ils ont aussi plusieurs goûts et intérêts en commun. Ils adorent manger de la crème glacée au chocolat, faire du sport et lire.

L'an passé, leurs parents ont eu un grave accident d'auto. Ils ont été blessés et ont passé plusieurs mois à l'hôpital. Simon et Mathieu ont dû s'adapter à la situation. Simon est allé vivre chez tante Claire et oncle Pierre ; Mathieu, chez tante Justine et oncle Jacques.

Lorsque les parents des jumeaux ont enfin pu quitter l'hôpital, ils ont accueilli leurs enfants avec joie. Ils ont été étonnés de voir à quel point Simon et Mathieu avaient changé ! Avec leurs parents, les jumeaux avaient développé des aptitudes et des talents précis. En vivant chez leurs oncles et leurs tantes, ils ont découvert de nouveaux intérêts, de nouveaux goûts, de nouvelles façons de vivre. Ces personnes ont changé leur vie.

tante Claire   oncle Pierre

« Nous n'avons pas encore d'enfants. Quand Simon est venu vivre quelques mois chez nous, nous lui avons installé un lit dans la pièce qui nous sert de bureau. Ensemble, nous avons fait des sorties les fins de semaine au musée et au cinéma. Nous l'avons emmené manger des sushis. À sa grande surprise, Simon a adoré ça ! Nous avons plusieurs livres sur les animaux. En les lisant, Simon a appris une foule de choses. Comme c'était l'hiver, nous en avons profité pour enseigner quelques notions de ski alpin à notre neveu. Il a eu un vrai coup de cœur pour ce sport et s'est découvert une passion ! Il aime sentir ses skis mordre dans la neige. Le temps a passé vite, malgré la hâte qu'il avait de retrouver ses parents. »   Pierre

tante Justine

oncle Jacques

« Nous avons trois enfants. Quand Mathieu est venu vivre avec nous, nous l'avons installé dans la même chambre que notre fils, Charles. Ils ont le même âge. Charles et Mathieu se passionnent pour les jeux de construction. Ils ont passé des heures à construire ensemble des avions et des fusées. Nous avons aussi une fille de douze ans, Émilie. Elle suit des cours de peinture et de dessin et elle possède tout le matériel nécessaire pour créer de véritables œuvres d'art ! Émilie a montré de nouvelles façons de faire à Mathieu. Il s'est découvert de nouveaux talents en arts plastiques. Notre petite fille Emma avait un an lorsque Mathieu a vécu à la maison. Elle le trouvait tellement drôle ! Mathieu faisait toujours le clown pour elle, lui chantait des comptines, inventait pour elle des spectacles de marionnettes. Il a appris à s'en occuper. Mathieu s'ennuyait de ses parents, mais nous avons fait de notre mieux pour que le temps ne lui semble pas trop long et nous avons bien pris soin de lui. » Justine

■ Les oncles et les tantes de Simon et Mathieu ont bien décrit les intérêts, les talents et les goûts de leurs neveux. Quels sont ceux de tes camarades ?

Certaines personnes pensent qu'être des jumeaux identiques signifie qu'on est pareil dans tout. Es-tu d'accord ? Pourquoi ?

Discussion   p. 97

Des talents à découvrir

Tu as des goûts, des intérêts, des talents qui font de toi un être unique. Mais d'où viennent ces traits de ton caractère ? Crois-tu que tu étais ainsi dès ta naissance ou que tu as acquis ces traits au fil des ans ?

Un bagage de départ

On vient tous au monde avec un certain bagage. Par exemple, tu as reçu des gènes de ta mère et de ton père. Depuis ta naissance, tu fais diverses activités avec ta famille, tes amis et ton entourage. Ces expériences t'amènent à utiliser ton bagage de différentes façons et à t'épanouir. Les intérêts et les habiletés que tu développes varient selon ce que tu as vécu, ce que tu vis et ce que tu vivras.

Rappelle-toi Mathieu et Simon. Avant l'accident de leurs parents, ils avaient presque tous les mêmes goûts. En vivant séparés, ils ont mis en valeur d'autres talents et se sont découvert des intérêts que l'autre n'avait pas. Ils sont un peu plus différents l'un de l'autre. Avant, le mets préféré des deux était les spaghettis. Maintenant, Simon préfère les sushis.

Un bagage à exploiter

Tu as peut-être déjà entendu des commentaires comme « tu écris aussi bien que ta mère » ou « tu joues du piano, comme ton père ». On a tendance à croire que nos talents n'existent que parce que nous avons un bagage semblable à celui de nos parents.

Ce n'est pas tout à fait ça ! Les enfants adoptés et leurs parents adoptifs partagent des aptitudes semblables. Ils n'ont pourtant pas le même bagage. Les gens autour de nous nous aident à exploiter notre bagage, à construire notre identité. On ressemble bien souvent aux gens qui nous entourent, qu'ils aient ou non les mêmes gènes que nous. En côtoyant différentes personnes, on s'adonne à de nouvelles activités, on développe d'autres aptitudes et on se découvre de nouvelles passions.

Un bagage étonnant

Qui n'a pas déjà entendu parler de Mowgli, un enfant élevé par les loups et ami des animaux ? Cette histoire écrite par l'auteur britannique Rudyard Kipling, en 1894, est intitulée *Le livre de la jungle*.

Il y a longtemps, on a retrouvé un enfant ayant grandi dans une forêt. Cet enfant avait été abandonné à l'orée du bois alors qu'il était bébé. Une famille de loups l'a trouvé. La maman louve l'a protégé comme un de ses propres petits et l'a élevé comme un louveteau.

Lorsque les gens du village ont trouvé l'enfant, il se comportait exactement comme un membre de la meute. Incroyable, n'est-ce pas ? Cela est normal, car les seuls êtres vivants que l'enfant avait connus étaient des loups !

La louve lui avait permis de développer ses talents à la chasse et à la course. Elle lui avait aussi fait découvrir les règles chez les loups. Mais elle n'avait pas pu lui apprendre à parler ou à marcher comme un être humain. C'est au contact des êtres humains que l'enfant a appris à le faire plus tard.

■ Tu as toi aussi des talents, des intérêts et des goûts.
Quelles sont les personnes, d'après toi, qui t'ont influencé ?

Les membres d'une même famille partagent souvent des intérêts et des goûts.

Si tu avais vu le jour dans un autre pays ou une autre famille, serais-tu la même personne ? Pourquoi ?

Explication
p. 102

Les deux côtés de la médaille

Chaque jour, tu côtoies différentes personnes : des membres de ta famille, de ton équipe de sport, des amis, des camarades de classe, etc. Même si tu aimes rencontrer ces personnes, il t'arrive peut-être de trouver que la vie de groupe n'est pas facile.

Des inconvénients

Il faut parfois faire des concessions et des compromis, que ce soit à l'école ou à la maison. Les conflits font partie de la vie. L'important, c'est d'y faire face dans le respect de soi-même et d'autrui, et dans une attitude d'ouverture qui favorise leur solution.

Un compromis à la maison

« La semaine dernière, ma petite cousine Aurélie est venue chez moi en visite. On a partagé ma chambre. Pour dormir, j'aurais aimé garder la chambre dans la noirceur, comme je le fais d'habitude. Mais Aurélie n'aime pas ça. Elle préfère laisser une lampe allumée. Nous avons donc trouvé un compromis pour satisfaire les deux. On a gardé un peu d'éclairage : une petite veilleuse. » Jade

Une concession à l'école

« Nous devions choisir un sujet pour notre projet sur la Terre et l'espace. Moi, j'avais le goût de travailler sur les étoiles et les galaxies. Mes trois coéquipiers voulaient plutôt faire le projet sur la météo. Je me suis ralliée à la majorité. Ça ne m'enchante pas du tout, mais il faut parfois faire des concessions pour arriver à une entente. » Maya

Des avantages

La vie de groupe comporte des difficultés, mais elle présente aussi des avantages. Elle permet l'entraide et l'amitié. Elle donne l'occasion de connaître de nouvelles personnes qui nous apportent toutes quelque chose de différent et nous aident à nous épanouir. C'est ce qu'on appelle l'enrichissement **mutuel**.

Mutuel :
Qui se fait entre deux ou plusieurs personnes.

L'amitié

« J'ai changé d'école cette année. À la rentrée, je ne connaissais personne. Au fil des jours, mes camarades de classe m'ont présenté à leurs amis et je me suis fait de nouveaux amis. » Charles

L'entraide

« Mes parents travaillent tous les deux. Comme ils ont énormément à faire à la maison le soir et les fins de semaine, j'ai décidé de me rendre utile. Maintenant, je rends service plus souvent. Je me suis aussi proposé pour passer l'aspirateur dans la cuisine et le salon tous les samedis. » Nicolas

L'enrichissement mutuel

« Quand je travaille seule, il m'arrive de manquer d'idées. Je trouve que les talents sont différents d'une personne à l'autre. Travailler en équipe, c'est comme utiliser le contenu de plusieurs coffres aux trésors. » Léa

■ Quels avantages et quels inconvénients vois-tu au travail d'équipe ?

Il y a des avantages et des inconvénients à être en groupe.

On te propose de participer au spectacle de fin d'année. Crois-tu qu'il y a plus d'avantages à présenter un numéro en solo ou avec des camarades ? Pourquoi ?

Comparaison p. 101

Un travail d'équipe

Si la vie de groupe a ses inconvénients, être seul pour jouer ou pour travailler comporte aussi des désavantages. C'est bien de ne pas avoir à partager ses jeux ou les temps de télé. Mais c'est bien aussi d'être avec d'autres pour jouer. C'est vrai aussi qu'en travaillant seul on peut décider sans faire de compromis. Mais travailler en équipe permet de se répartir les tâches et peut être très enrichissant.

On te demande de faire un projet en équipe dans ton cours de science et technologie. Crois-tu que tu devrais pouvoir choisir toi-même les personnes avec qui tu travailles ?

Discussion p. 97

En quelques mots...

Tu as des goûts, des intérêts, des talents. Les groupes auxquels tu appartiens t'aident à les développer. La vie de groupe comporte des inconvénients (conflits, compromis, concessions) auxquels il faut s'adapter. Elle offre aussi des avantages (amitié, entraide, enrichissement mutuel) et te permet de t'épanouir.

À ton tour

Prépare-toi à la discussion de groupe.

– Fais-toi une opinion sur le sujet proposé.

– Pense à deux raisons que tu pourrais utiliser pour justifier ton opinion.

Discute de ton opinion avec le groupe.

Question de point de vue !

p. 104

« Il m'est déjà arrivé de travailler avec un camarade de classe qu'on avait choisi pour moi. Cet élève perdait son temps et je devais faire tout le travail. Je crois donc que c'est une très mauvaise chose de laisser notre enseignant ou enseignante ou le hasard décider des équipes, parce que nous avons toujours de mauvaises surprises. »   Claude

• Dans ses propos, Claude fait une généralisation abusive car il tire une conclusion qui n'est pas valable.
  Pourquoi sa conclusion n'est-elle pas valable ?

Jours de deuil

Est-ce qu'il t'est déjà arrivé de perdre une personne que tu aimais beaucoup ? Dans ce module, tu auras l'occasion d'observer des gestes qui peuvent réconforter des personnes qui vivent un deuil. Tu découvriras également qu'il existe plusieurs façons de dire adieu aux personnes décédées.

Dure journée pour Maïté

Aujourd'hui, c'est samedi. La sonnerie du téléphone réveille Maïté. Comme elle entend sa mère répondre, elle ne se presse pas. Elle s'étire dans son lit, jette un regard à la fenêtre et entrevoit les rayons du soleil à travers la toile. Ce sera une belle journée ! Maïté adore l'automne, avec ses belles couleurs et son vent frais.

Elle saute hors du lit et s'habille en vitesse, le cœur léger comme une feuille dansant dans le vent. En sortant de sa chambre, elle entend un bruit étrange. Elle s'arrête, inquiète, et tend l'oreille. Ce sont des sanglots. Quelqu'un pleure dans une autre pièce, mais qui ? Elle avance à pas feutrés jusqu'à la cuisine. Elle aperçoit son père, le visage baigné de larmes, et sa mère qui lui tient la main. Maïté est bouleversée. C'est la première fois qu'elle voit son père pleurer. Elle ne sait pas ce qui se passe, mais sa gorge se serre et les larmes lui montent aux yeux.

– Pourquoi pleures-tu, papa ? murmure Maïté.

Son papa lui tend les bras, l'invite à s'asseoir près de lui, puis lui prend la main comme lorsqu'elle était petite. Sa maman s'approche, elle aussi, pose un baiser sur son front et la regarde d'un air triste et sérieux. Son papa répond, d'une voix douce :

– C'est grand-maman… Tu sais, elle était très malade depuis quelques semaines. Les médecins lui ont donné des médicaments et des bons soins pour essayer de la soigner, mais son corps n'a pas réussi à vaincre la maladie. Elle est morte tôt ce matin.

Maïté se sent bizarre, un peu comme si elle avait le vertige. Elle n'arrive pas à croire que sa grand-mère est morte. Elle sent tout à coup une vague de tristesse monter en elle. Elle se met à pleurer sans pouvoir s'arrêter. Son papa et sa maman la prennent dans leurs bras, lui caressent les cheveux, lui parlent doucement.

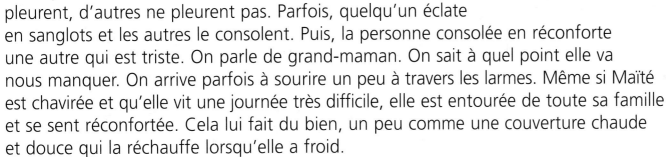

Toute la journée, Maïté et ses parents accueillent oncles, tantes, cousins et cousines à la maison. Ils s'assoient autour de la table de la cuisine, ou dans le salon. Les enfants n'ont pas envie de jouer. Les adultes n'ont pas envie de rire. Certains d'entre eux pleurent, d'autres ne pleurent pas. Parfois, quelqu'un éclate en sanglots et les autres le consolent. Puis, la personne consolée en réconforte une autre qui est triste. On parle de grand-maman. On sait à quel point elle va nous manquer. On arrive parfois à sourire un peu à travers les larmes. Même si Maïté est chavirée et qu'elle vit une journée très difficile, elle est entourée de toute sa famille et se sent réconfortée. Cela lui fait du bien, un peu comme une couverture chaude et douce qui la réchauffe lorsqu'elle a froid.

■ Quels gestes de réconfort ont été faits par Maïté et sa famille ?

Dans la famille de Maïté, certaines personnes ne pleurent pas.

Est-ce que ça signifie qu'elles n'éprouvent pas de peine ? Pourquoi ?

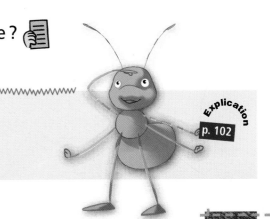

Explication
p. 102

Des funérailles chrétiennes

La mort d'un proche est un événement malheureux. Les gens qui restent vivent un deuil. Malgré la tristesse, ils doivent dire adieu à l'être cher. Ils préparent une cérémonie en l'honneur de la personne décédée : les funérailles. La grand-mère de Maïté aura des funérailles catholiques, car c'est la religion qu'elle a pratiquée toute sa vie. Les funérailles catholiques sont une forme particulière des funérailles chrétiennes. Voyons à quoi elles ressemblent.

Le lieu

Chez les catholiques, les funérailles ont lieu à l'église. C'est aussi à cet endroit qu'ils se réunissent le dimanche pour prier ensemble ou lors de cérémonies religieuses, comme les mariages et les baptêmes.

Rappel

Jésus est un personnage essentiel pour les chrétiens. Il a vécu il y a un peu plus de 2000 ans. Les chrétiens croient que Jésus est le Fils de Dieu.

La cérémonie

Au début de la cérémonie, le prêtre monte l'allée centrale en tenant une croix. La croix est un symbole important pour les chrétiens : elle rappelle la mort de Jésus. Les protestants représentent toujours la croix vide, parce que Jésus ne s'y trouve plus.

Les infos de Fil

Qu'est-ce qui distingue la croix des catholiques de celle des orthodoxes ?

La croix est le symbole de la foi des chrétiens. La croix des catholiques est vide. Avec le Christ, elle s'appelle un crucifix. Sur la croix des orthodoxes, on retrouve généralement deux branches horizontales de plus : celle au-dessus de la tête, et sur laquelle on peut lire « Jésus de Nazareth, roi des Juifs », et l'autre sur laquelle sont posés ses pieds.

Rappel

Chez les protestants, le guide spirituel est le pasteur.

Le corps de la personne décédée est placé à l'avant de l'église, parfois dans un cercueil, parfois dans une **urne**, à côté d'une photo de cette personne. Le prêtre lit des passages de la Bible. Il invite les gens à prier pour demander à Dieu d'accueillir la personne décédée auprès de lui et de réconforter ceux qui vivent le deuil. Le prêtre rappelle à tous que la mort, même si elle est triste, est un moment d'espoir, car c'est le début d'une vie nouvelle auprès de Dieu.

Ensuite, le prêtre **encense** le cercueil ou l'urne pour rendre hommage à la personne décédée. En général, une chorale entonne des chants religieux. Souvent, un membre de la famille lit un texte qu'il a écrit sur la vie de la personne, pour souligner ses bonnes actions et ses qualités. C'est un moment très émouvant de la cérémonie.

Urne :
Vase qu'on utilise pour conserver les cendres d'une personne décédée.

Encenser :
Purifier et faire monter vers Dieu en balançant un contenant dans lequel brûle de l'encens.

Après la cérémonie

Lorsque la cérémonie est terminée,
on enterre ou on fait incinérer le corps.
Pour l'enterrement, les catholiques se rendent
au cimetière. Puis, avec le prêtre, la famille
fait une dernière prière d'adieu.

Certains catholiques préfèrent que
leur corps soit incinéré, c'est-à-dire brûlé,
après leur mort. Le corps incinéré
devient de la cendre, qu'on place
dans une urne. Certaines personnes
souhaitent qu'on répande leurs cendres dans un endroit
qu'elles aimaient beaucoup. D'autres préfèrent que leur urne
soit enterrée au cimetière, ou encore placée au **salon funéraire**.

Salon funéraire :
Établissement
où se réunissent
les proches pour
rendre un hommage
à la personne
décédée.

résurrection :
Action de revenir à
la vie après la mort.

Je sais que grand-maman ne souffre plus, mais j'ai encore du chagrin quand je pense que je ne la reverrai plus. Je m'ennuie d'elle. Mes parents disent que c'est normal quand on vit un deuil. Grand-papa, qui est très croyant, me dit que par la prière je peux encore parler à grand-maman, lui confier mes joies et mes ennuis et qu'un jour, je la reverrai, après notre résurrection.

■ Que sais-tu des funérailles catholiques ?

p. 97
Conversation

Un cimetière est un endroit calme où on peut se recueillir, prier et penser aux personnes qui sont décédées. As-tu déjà visité un cimetière ?

Crois-tu que l'on doit avoir peur de ce genre d'endroit ? Explique.

D'autres façons de dire adieu

Les funérailles autochtones

De nos jours, de nombreux Autochtones sont chrétiens. À leur mort, on organise des funérailles chrétiennes.

Certains Autochtones ont à la fois des croyances chrétiennes et des croyances liées à leurs traditions. D'autres ont conservé uniquement leurs croyances traditionnelles. Ils pratiquent des rites funéraires à la façon de leurs ancêtres.

Ni lieu de culte, ni livre sacré

Savais-tu que les Autochtones qui vivent selon leurs croyances ancestrales ne construisent pas de lieu de culte ? Leur lieu de culte est en quelque sorte la nature, et leur religion s'exprime dans toutes les activités quotidiennes. Ils n'ont pas non plus de livre sacré. Leurs traditions se sont transmises oralement, de génération en génération.

Des Autochtones.

Un rite funéraire ancestral

Selon certaines traditions autochtones, après le décès, les proches enterrent la personne décédée avec un sac contenant des objets ayant appartenu au défunt et des objets destinés aux Esprits protecteurs. Il peut s'agir d'une pierre de forme spéciale, d'une griffe d'aigle ou de hibou, d'une dent d'ours, d'une peau de serpent, etc. De nombreux Autochtones croient que ces objets veillent sur eux et les protègent.

Sac contenant des objets destinés aux Esprits protecteurs.

Sur le lieu où l'on a enterré la personne, on amasse une grande quantité de terre ou de pierres afin d'en faire une butte. C'est le tumulus funéraire où, pendant quelques jours, la famille entretient un feu. La fumée est d'ailleurs considérée comme une forme de prière par plusieurs Autochtones.

De nombreux Autochtones croient que l'esprit de la personne décédée quitte alors la Terre pour se rendre dans la Terre des esprits. Selon leurs croyances, les esprits des défunts vivent dans l'univers des esprits tout comme ils le faisaient avant dans le monde des vivants : ils chassent, pêchent, cultivent la terre. Cependant, tout y est plus facile et plus harmonieux.

Comme tu peux le constater, les chrétiens et les Autochtones ont des façons différentes de célébrer les funérailles.

Les infos de Fil

Qu'est-ce qu'une pleureuse ?

Une pleureuse est un vase traditionnel qui servait autrefois, lors de certaines funérailles amérindiennes. On remplissait d'eau l'un des compartiments, puis on inclinait le vase. En se déplaçant d'un compartiment à l'autre, l'eau faisait un bruit qui ressemblait à des sanglots.

La façon dont se déroulent les funérailles dépend des croyances religieuses.

Les funérailles islamiques

Chez les musulmans, des personnes musulmanes choisies, selon le sexe de la personne décédée, lavent le corps en commençant par le visage, puis les mains et les pieds, comme le font les musulmans tous les jours avant la prière.

Le corps est alors enveloppé dans un linceul blanc et est déposé soit dans un simple cercueil en bois ou directement au fond d'un trou creusé à même le sol. Les funérailles ont généralement lieu au cimetière, où l'imam récite des prières du Coran, le livre sacré des musulmans.

Des funérailles islamiques.

Les funérailles bouddhistes

Lorsque les bouddhistes meurent, les proches déposent le corps dans un cercueil orné de fleurs. Ils le transportent ensuite en faisant une procession jusqu'au temple. Les moines y chantent des prières et des textes sacrés avec la famille éprouvée. On fait brûler de l'encens pour se rappeler ce que le Bouddha a enseigné : la mort n'est qu'un passage entre deux vies. Souvent, les membres de la famille font des offrandes de fleurs ou de bougies aux moines. Après les funérailles, on fait parfois brûler des objets de la personne décédée pour qu'elle les utilise dans sa prochaine vie.

Linceul : Pièce de tissu ou de toile dans laquelle on ensevelit un mort.

Les funérailles hindoues

Chez les hindous, on recourt à la **crémation** du défunt. En général, c'est le fils aîné qui allume le bûcher. On fait ensuite une courte cérémonie de funérailles pendant laquelle le brahmane lit des passages de textes hindous. Les membres de la famille portent des vêtements blancs, en signe de deuil. Pendant plusieurs jours, ils font des prières et des offrandes de boulettes de riz et de lait qu'ils déposent sur l'autel à la maison, pour que l'âme fasse un bon voyage.

Crémation :
Action de brûler
le corps des morts.

■ Quels liens établis-tu entre des rites funéraires et la tradition religieuse à laquelle ils appartiennent ?

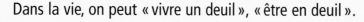

Dans la vie, on peut « vivre un deuil », « être en deuil ».

Que veulent dire ces expressions ? Explique.

explication
p. 102

Des croyances différentes

Les funérailles juives

Quand une personne juive meurt, on lui ferme les yeux. Ses proches récitent une prière, le *Shema Israël*. On allume aussi une bougie, pour signifier que l'âme vit toujours.

Shema Israël

« Écoute, Ô Israël,

Le Seigneur est notre Dieu. Le Seigneur est unique.

Tu aimeras le Seigneur ton Dieu de tout ton cœur,

De toute ton âme,

Et de toute ta force. »

Juif portant un petit taillit, le qatan.

Les juifs couvrent le corps de la personne décédée du grand taillit, le *gadol*. Ils y coupent des franges qui représentent les règles religieuses que les juifs observent sur la Terre, mais qui ne sont plus utiles. Habituellement, les juifs célèbrent les funérailles le plus rapidement possible après le décès.

Les infos de Fil

Qu'est-ce qu'un tallit ?

Un tallit est un châle de prière. C'est un long rectangle de tissu blanc, garni de franges, sur lequel sont tracées des rayures noires ou bleues. Lorsqu'ils font la prière du matin, les hommes juifs s'en couvrent la tête et les épaules. Ils sont ainsi moins distraits, car ils se trouvent comme sous une petite tente.

Le lieu

La plupart du temps, il n'y a pas de cérémonie funéraire à la synagogue. Les juifs se rendent au cimetière pour le service religieux.

La cérémonie

Avec le rabbin, on récite des prières et on lit des passages des livres sacrés. Lorsque le cercueil est descendu dans le sol, le rabbin, la famille et les amis de la personne décédée y jettent de la terre.

Des funérailles juives.

Les infos de Fil

Les juifs peuvent-ils être incinérés ?

Beaucoup de juifs enterrent leurs morts, car ils croient que c'est mal de détruire ce que Dieu a créé. Cependant, certains juifs permettent l'incinération.

D'autres façons de voir

Les êtres humains tentent depuis toujours de comprendre la mort. Certaines personnes n'ont pas de croyances religieuses et ont une façon différente de vivre les funérailles.

« Quand je vais mourir, je veux que tout le monde que j'aime se rassemble, parle des bons moments vécus avec moi et écoute ma musique préférée. » Sidonie

En quelques mots...

Chaque famille pratique des funérailles selon ses croyances. Certains adoptent tous les rites de leur religion, d'autres les suivent en partie. Même ceux qui ne pratiquent pas de religion ressentent le besoin de faire une cérémonie spéciale. Mais une chose est certaine : quand ils perdent un être cher, les êtres humains ont besoin de réconfort.

À ton tour

Fais la synthèse de tes découvertes.

Fais aussi une petite recherche pour trouver un élément nouveau sur un rite funéraire.

Présente ce rite funéraire et ta synthèse sur une affiche.

Question de point de vue !

p. 103

« Mon voisin m'a raconté que le frère de l'ami de sa cousine a assisté à des funérailles. Lors de la cérémonie, il paraît que des gens ont coupé un ruban rouge entourant le cercueil et ont brisé une bouteille de champagne dessus. » Jasmine

• En donnant ces informations, Jasmine fait un jugement de réalité. Vérifie s'il est vrai ou faux.
  – D'où viennent les informations de Jasmine ?
  – S'agit-il d'une source fiable ?

Mille et une valeurs

Paix

Les valeurs que nous avons nous viennent de notre famille et de la société. Celles que nous adoptons guident nos comportements. Elles nous éclairent lorsque nous prenons des décisions. Dans ce module, tu découvriras certaines valeurs qui sont partagées par la plupart des habitants du Québec. Tu verras aussi que des personnes, des événements ou des religions peuvent influencer nos valeurs.

Des valeurs fondamentales

En arrivant en classe ce matin, Émile et ses camarades sont fébriles. Leur enseignante, Dominique, a annoncé la venue d'une nouvelle élève, qui vient d'un pays loin d'ici.

Dominique propose de placer les chaises en cercle, pour bavarder avec la nouvelle venue. Pendant que les élèves prennent place, on entend frapper à la porte. L'enseignante va ouvrir.

– Bonjour, tout le monde ! dit monsieur le directeur. Je vous présente Elikya. Je lui souhaite la bienvenue parmi nous et je vous laisse faire connaissance !

– Nous sommes contents de t'accueillir, dit Dominique. Entre !

– Viens t'asseoir à côté de moi, dit Émile, je t'ai gardé une chaise.

Elikya se joint au groupe. Puis, tout le monde se présente.

– Elikya, est-ce que tu veux nous parler un peu de toi et du pays d'où tu viens ? Ensuite, nous pourrions à notre tour te décrire le Québec et ses **valeurs**.

Elikya est d'accord. Elle est un peu gênée, mais heureuse d'avoir un accueil si chaleureux. Elle raconte qu'elle et sa famille ont quitté la république du Congo, un pays d'Afrique. Elikya explique que, dans son pays, il fait chaud toute l'année, et qu'elle n'avait jamais vu de neige auparavant ! Elle ajoute que sa famille est chrétienne, comme la plupart des habitants de son ancien et de son nouveau pays.

– Ici, beaucoup de familles sont catholiques, mais plusieurs personnes n'appartiennent à aucune religion, ou en pratiquent une autre, dit Émile.

– Tu as raison, Émile, ajoute Dominique. Chaque personne est libre de pratiquer la religion de son choix. De plus, ici, l'État est laïque : le gouvernement et ses institutions n'ont aucun caractère religieux.

– Quand je suis arrivée au Québec l'an passé, dit Natalia, j'ai trouvé que les gens étaient gentils. Je suis sûre que tu te feras rapidement des amis.

Elikya sourit. Natalia ajoute :

– Tu verras, il y a des gens qui viennent de partout à travers le monde. On a le droit d'être différent, mais on doit se respecter, peu importe notre couleur ou notre pays d'origine.

– Oui, c'est vrai, Natalia, approuve Dominique. Nous avons même une loi qui interdit le **racisme** et toute forme de **discrimination**. C'est la *Charte des droits et libertés de la personne*.

Carlos lève la main, pour avoir la parole.

– Au Québec, on est libre de dire ce qu'on pense. On peut exprimer son désaccord sans peur d'être arrêté ou emprisonné.

– Tu as raison, Carlos. C'est ce qu'on appelle la liberté d'expression, mais elle a aussi des limites : on ne peut dire des choses qui nuisent à la réputation des gens, précise l'enseignante.

> Racisme :
> Parole ou comportement négatif envers des personnes d'une ethnie et d'une culture différentes que l'on juge inférieures.
>
> Discrimination :
> Fait de distinguer un groupe humain ou une personne des autres, à son détriment.

Les infos de Fil

Qu'est-ce que la *Charte des droits et libertés de la personne du Québec* ?

La *Charte des droits et libertés de la personne du Québec* est un texte officiel qui énonce les valeurs fondamentales de la société québécoise. Elle définit le droit à l'égalité, interdit la discrimination sous toutes ses formes et précise les droits fondamentaux des citoyens.

– Ici, les hommes et les femmes sont égaux. Par exemple, les femmes peuvent pratiquer les mêmes métiers que les hommes, ajoute Carlos.

– C'est vrai, les hommes et les femmes ont les mêmes droits et les mêmes responsabilités, dit Dominique.

Comme il n'y a plus de mains levées, Dominique félicite ses élèves.

– Je trouve que vous avez fait un portrait juste et réaliste des valeurs du Québec : la liberté d'expression et de religion, le droit à la différence, l'égalité entre les hommes et les femmes. L'ensemble de ces valeurs font, entre autres, du Québec une société démocratique. De plus, les adultes ont le droit d'élire les représentants qui gouverneront, qui prendront les décisions. Cela implique aussi que les citoyens ont le droit de faire partie d'associations et de **partis politiques**. C'est une autre caractéristique d'une société démocratique.

> **Parti politique :**
> Regroupement de personnes partageant des idées communes sur la façon de gouverner un pays.

– J'espère que tu aimeras ton nouvel environnement, Elikya, ajoute Dominique. Pour fêter ton arrivée parmi nous, j'ai préparé une petite surprise : j'ai apporté des fruits, des muffins et des jus que l'on partagera tous ensemble. Bienvenue, Elikya !

■ **Quelles valeurs sont importantes pour l'ensemble de la société québécoise ? Ces valeurs favorisent-elles la vie de groupe ?**

Crois-tu que ces valeurs du Québec sont toujours respectées ? Pourquoi ?

Discussion p. 97

Des influences de toutes sortes

L'ensemble des familles québécoises partage certaines valeurs. D'autres varient d'une famille à l'autre, car elles sont influencées par l'environnement dans lequel vivent les gens, par l'éducation reçue et par leur **culture**.

> **Culture:**
> Ensemble des connaissances, des pensées et des façons de vivre d'une société.

L'environnement

Pour Marie-Michèle et sa famille, être près de la nature est une valeur importante. Cela influence leurs comportements et leurs habitudes.

> « Là où j'habite, on trouve beaucoup de forêts et de lacs. Chez nous, la nature est très importante. Après l'école, je joue dehors avec mes amis. La fin de semaine, ma famille et moi allons souvent au chalet, situé en forêt. L'automne, j'apprends les bases de la chasse avec mes parents. »
> Marie-Michèle

Sébastien et sa famille habitent dans une grande ville. Ils apprécient le fait de côtoyer chaque jour des gens d'origines diverses. L'ouverture aux autres est une valeur importante dans leur famille.

> « Dans ma classe, nous sommes 25 élèves. Tout le monde a ses habitudes, ses façons de penser. Je m'efforce de respecter les autres, même s'ils sont différents de moi. C'est plus facile de s'entendre lorsqu'on apprend à se connaître! Mes parents aimeraient que je sois aussi compréhensif avec ma petite sœur que je le suis avec mes camarades de classe. Mais ça, c'est tout un défi! » Sébastien

L'éducation

Les parents de Pierre-Alexandre estiment que l'honnêteté est une valeur primordiale.

« Mes parents nous encouragent à toujours dire la vérité. Selon eux, ça permet d'avoir confiance aux autres. Quand je fais une bêtise, je trouve parfois que c'est difficile d'avouer mon erreur et de dire la vérité, mais la plupart du temps j'y arrive. » Pierre-Alexandre

Les parents de Vincenzo lui ont fait voir l'importance de la famille.

« Chez nous, la famille, c'est très important. Selon la tradition, toute la famille se réunit le plus souvent possible : les parents, les frères et les sœurs, les oncles et les tantes, les cousins et les cousines ainsi que les grands-parents. Toutes les occasions sont bonnes pour partager un repas ensemble : un anniversaire, une fête religieuse ou tout simplement pour le plaisir. Ces soirées sont toujours joyeuses et animées. On parle, on rit et on chante. » Vincenzo

La culture d'origine

Kim Anh a gardé de son pays une préférence pour les arts martiaux. En faisant de l'exercice régulièrement, Kim Anh et sa famille espèrent rester longtemps en forme, car la santé est une valeur qui leur tient à cœur.

« Mon pays d'origine est le Vietnam. Le taï chi, un art martial traditionnel, y est très populaire. Tous les jours, enfants et adultes pratiquent cette activité. C'est un bon exercice pour le corps et l'esprit, car il favorise la concentration, la souplesse et l'équilibre. Dans ma famille, presque tout le monde participe à des séances de taï chi. Moi, je continue de pratiquer cette discipline traditionnelle. Ma grande sœur a décidé de l'abandonner pour faire un autre sport, la natation. » Kim Anh

Pour la famille de Paramita, le respect des traditions est une valeur importante. Paramita fait de la danse traditionnelle. Il y a une coutume de son pays d'origine, toutefois, qu'elle n'adopte pas.

« Quand j'étais bébé, ma famille et moi habitions en Inde. J'adore la danse indienne traditionnelle. Cette forme de danse très ancienne se pratiquait autrefois dans les cours royales, dans les temples ou chez les riches propriétaires terriens. C'est une tradition de mon pays que je souhaite conserver. Par contre, il y a une coutume ancestrale que je ne veux pas garder : le mariage arrangé. En Inde, les parents choisissent parfois la personne que l'on épousera et préparent notre mariage. Si je me marie un jour, je choisirai moi-même mon époux. » Paramita

■ Quelle valeur est importante pour chacun des personnages mentionnés ? Ces valeurs sont-elles liées à l'environnement, à l'éducation ou à la culture d'origine ?

Paramita remet en question la coutume du mariage arrangé.

Il y a peut-être autour de toi des valeurs avec lesquelles tu n'es pas d'accord. Lesquelles ? Pourquoi ?

Explication p. 102

Des valeurs inspirées par la religion

Dans un pays démocratique comme le nôtre, les gens sont libres d'adopter le mode de vie qui leur plaît, dans le respect des autres. Toute personne peut faire ses propres choix, par exemple en pratiquant une religion plutôt qu'une autre ou en n'en pratiquant aucune.

Chaque religion propose des valeurs et des normes. Les croyants sont portés à choisir des comportements et un mode de vie qui respectent les valeurs de leur religion.

Catherine et sa famille sont chrétiens.

« Dans le Nouveau Testament, Jésus nous montre l'importance de pardonner. Pour ma famille et moi, le pardon est une valeur essentielle. Lorsque quelqu'un me fait de la peine et s'excuse, je lui pardonne. J'essaie de ne pas garder de rancune envers cette personne. » Catherine

Henri est juif.

« Dans la Torah, il est écrit que l'éducation est importante. Dans ma famille, il est donc normal de vouloir aller à l'école et de faire des études. Moi, je veux apprendre beaucoup de choses et avoir une carrière intéressante. » Henri

Banou est bouddhiste.

« Notre famille essaie de vivre en respectant les enseignements du Bouddha. Comme il prônait, entre autres, la non-violence, nous essayons de ne jamais faire de mal aux êtres vivants, que ce soit des humains ou des animaux. L'autre jour, j'ai participé à une marche pour la paix avec mon père. » Banou

Paix

Ilham est musulman.

« Dans notre religion, donner aux plus démunis est important. Aider les plus pauvres fait partie des valeurs familiales. Nous partageons donc ce que nous avons. Mes parents donnent de l'argent, mes sœurs et moi donnons des jouets et des vêtements que nous n'utilisons plus, mais qui sont en bon état. » Ilham

■ Quelles sont les valeurs véhiculées dans chaque famille ? Comment ces valeurs favorisent-elles la vie de groupe et le bien-être de chaque membre de la famille ?

Les croyants adoptent certaines valeurs qui sont importantes dans leur religion.

Crois-tu que ces valeurs pourraient être adoptées par des gens d'autres religions ou par des gens qui sont athées ? Explique.

Explication p. 102

Des expériences qui changent nos valeurs

Au cours de notre vie, certaines expériences, si elles sont intenses, peuvent influencer nos valeurs, comme un long voyage dans un pays très différent du nôtre ou une maladie grave.

« L'an passé, je suis allé passer un mois au Maroc. Tout est différent d'ici : la nourriture, les odeurs, les maisons, le climat, la façon de s'habiller, la musique. Au début, je n'étais pas très à l'aise. Après une semaine, je trouvais très intéressant de découvrir de nouvelles façons de vivre. Depuis mon retour, je comprends mieux ce que vivent les gens d'ailleurs qui viennent s'installer ici. J'essaie d'être accueillant avec les nouveaux élèves. Je sais comment on se sent lorsqu'on est loin de chez soi, dans un monde étranger. » Hugo

« À huit ans, j'ai découvert une grosse bosse dans mon cou. Le médecin a diagnostiqué un cancer. Il m'a expliqué que c'était grave. Pendant de longs mois, ma vie a été bouleversée. J'ai dû subir plusieurs traitements pour guérir. J'ai passé beaucoup de temps à l'hôpital. De retour à la maison, je me sentais faible à cause de la chimiothérapie. Mais j'étais vraiment bien entourée. Mes parents prenaient soin de moi. Mes amis venaient me rendre visite.

Maintenant, je vais mieux. À cause de cette expérience, je ne vois plus la vie de la même façon. Je suis plus attentive aux autres, à leurs sentiments. Je pense à dire plus souvent à mes proches que je les aime. Je prends aussi bien soin de ma santé parce que je suis consciente que c'est un bien très précieux. » Amélie

Les valeurs varient selon notre religion, notre environnement, notre éducation et nos expériences. Elles peuvent changer au cours d'une vie. Mais une chose demeure : elles influencent nos choix et nos comportements.

En quelques mots...

La liberté d'expression, la liberté de religion, le respect des différentes cultures, l'égalité entre les hommes et les femmes, la démocratie sont des valeurs fondamentales de la société québécoise. Dans chaque famille, les valeurs que l'on adopte nous viennent de nos parents, du pays que l'on habite ou que l'on a déjà habité, de notre religion, de notre façon de voir la vie. Des expériences marquantes peuvent aussi nous amener à avoir de nouvelles valeurs.

À ton tour

Réfléchis aux valeurs les plus importantes pour toi.

– Fais la liste de ce qui est le plus important dans ta vie.

– Explique pourquoi tu as adopté ces valeurs.

– Trouve dans des revues, des magazines, des journaux ou sur Internet des illustrations ou des photos qui représentent ces valeurs.

– À l'aide de ces images, réalise un collage représentant tes valeurs.

Question de point de vue !

p. 104

« Mon enseignant a proposé d'aller distribuer des paniers de Noël. J'ai refusé parce que plusieurs de mes amis disent que c'est ridicule de faire du bénévolat. »   Marc-Antoine

• En formulant ainsi son opinion, Marc-Antoine fait un appel au clan.
  Son argument n'est donc pas valable. Pourquoi ?

Des récits et des symboles

SELON LES VIKINGS...

...OYANCE AFRICAINE...

La création d'Adam et Ève

Comment expliquer l'origine du monde ? Il en existe plusieurs récits, variant selon les religions et les croyances. Dans ce module, tu les découvriras ainsi que les symboles qui les représentent.

On remonte dans le temps

Aujourd'hui, Florie passe la journée avec son grand-père. Il va lui parler de son projet de généalogie. Florie a hâte de savoir de quoi il s'agit, car elle est curieuse.

– Papi, que signifie « faire de la généalogie » ?

– C'est chercher nos ancêtres. On trouve d'abord les parents, les grands-parents, les arrière-grands-parents, puis on remonte le plus loin possible dans le temps pour retracer ses **aïeux**.

> **Aïeul :**
> Ancêtre.

– Est-ce que tout le monde peut faire de la généalogie ?

– Bien sûr, mais il faut être curieux, minutieux, logique et… très persévérant !
Viens, je vais te montrer le résultat de mes recherches. Tu verras qu'une de tes arrière-grands-mères avait le même prénom que toi.

Excitée, Florie s'empresse de parcourir les documents que lui présente son grand-père.

– Papi, pourquoi as-tu écrit le nom de nos ancêtres dans un arbre ?

– Ça s'appelle un « arbre généalogique ». On choisit habituellement le symbole de l'arbre pour présenter la généalogie, car il représente la vie. Les racines et la ramification des branches représentent les générations de notre famille qui ont vécu au Québec depuis plus de 300 ans.

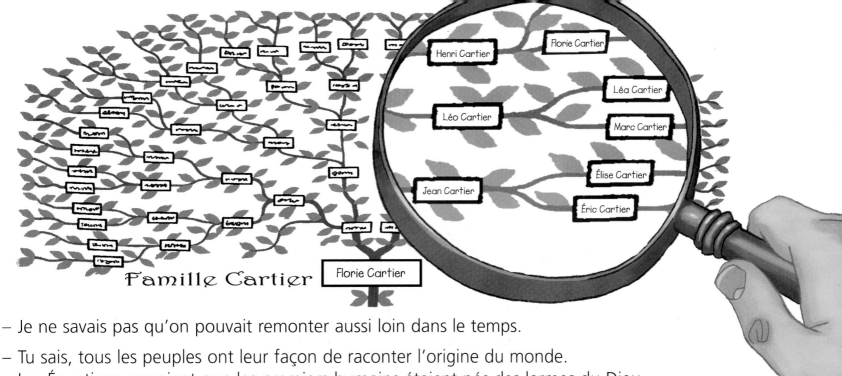

Famille Cartier | Florie Cartier

(Agrandissement : Henri Cartier, Florie Cartier, Léo Cartier, Léa Cartier, Marc Cartier, Élise Cartier, Jean Cartier, Éric Cartier)

– Je ne savais pas qu'on pouvait remonter aussi loin dans le temps.

– Tu sais, tous les peuples ont leur façon de raconter l'origine du monde. Les Égyptiens croyaient que les premiers humains étaient nés des larmes du Dieu Soleil. Les Vikings pensaient que Ymit, le premier être, était né à la suite de la rencontre du feu et de la glace, et formé de gouttes d'eau. Selon des peuples africains, les premiers humains auraient été modelés à partir d'argile de boue. Les Unalit, un peuple de l'Alaska rattaché au monde inuit, disent que le premier homme est sorti de la cosse d'un pois.

– Papi, comment as-tu appris tout ça ?

– Dans des livres que j'ai consultés à la bibliothèque. Tu veux y aller cet après-midi ? Je te ferai découvrir d'autres histoires sur l'origine du monde.

■ **Comment ont été créés les premiers êtres, selon les Égyptiens ? selon les Vikings ? selon les peuples africains ? selon les Unalit ? selon toi ?**

Chaque tradition religieuse propose généralement une explication du cosmos et une histoire de la création, pour présenter sa version de l'origine du monde.

Connais-tu des récits de la création ? Raconte-les dans tes mots.

Narration
p. 97

Le création d'Adam et Eve

Voici un récit que proposent les chrétiens et les juifs pour expliquer l'origine du monde. Cette histoire se retrouve aussi chez les musulmans mais avec certaines différences.

Au commencement du monde, la Terre était un endroit aride et poussiéreux. La vie y était impossible. Alors Dieu créa une brume pour arroser le sol. De ses mains, il façonna le premier homme avec de l'argile encore humide. Il souffla la vie dans les narines de cet homme, qui devint un être animé. Il lui donna le nom d'Adam, qui signifie « ce qui vient de la terre ».

Dans un lieu nommé Éden, Dieu fit un jardin pour Adam. Dans ce jardin se dressaient deux grands arbres, l'arbre de la connaissance du bien et du mal et l'arbre de la vie. Dieu dit à Adam qu'il pouvait manger tout ce qu'il voulait, sauf les fruits de l'arbre de la connaissance du bien et du mal et que s'il ne respectait pas cette règle il ne pourrait plus vivre éternellement.

Même s'il aimait son jardin, Adam se sentait seul. Alors Dieu ajouta des animaux dans le jardin, et Adam donna un nom à chacun d'eux. Mais il lui manquait encore quelqu'un avec qui partager sa demeure. Tandis qu'Adam dormait, Dieu lui ôta une côte pour lui créer une compagne. Adam lui donna le nom d'Ève, qui signifie « mère de tous les vivants ».

Un beau jour, Ève était assise seule sous l'arbre de la connaissance du bien et du mal. Un serpent l'incita à goûter au fruit défendu, affirmant que ce geste la rendrait aussi sage que Dieu. Ève croqua donc dans le fruit, mûr juste à point. Quand Adam vint la rejoindre, elle lui offrit le reste du fruit.

Adam et Ève se regardèrent, soudainement gênés d'être nus. Ils se recouvrirent en partie le corps avec des feuilles de figuier. Voyant cela, Dieu sut qu'ils avaient fait quelque chose de mal. Adam et Ève avouèrent avoir mangé le fruit interdit. Dieu leur demanda alors pourquoi ils avaient fait cela. Adam rejeta la responsabilité sur Ève et Ève sur le serpent. Puisqu'ils avaient désobéi, Dieu les punit. Il dit au serpent qu'il passerait le reste de sa vie à marcher sur son ventre et à manger de la poussière. Il dit à Ève qu'elle souffrirait chaque fois qu'elle mettrait un enfant au monde. Il dit à Adam qu'il devrait travailler très fort pour cultiver la terre et en tirer sa nourriture de tous les jours. Enfin, pour être certain qu'Adam et Ève ne goûteraient pas à l'Arbre de la vie, il les chassa du jardin d'Éden et les envoya cultiver la terre avec laquelle ils avaient été faits.

Adaptation du *Jardin d'Éden* de Jane Ray, Gautier-Languereau, © 2004.

Les infos de Fil

Pourquoi appelle-t-on « pomme d'Adam » la petite bosse que les hommes ont à l'avant du cou ?

Selon une ancienne légende, Ève a forcé Adam à croquer dans le fruit défendu. Elle a enfoncé la pomme dans la bouche d'Adam avec une telle force qu'il en a avalé un morceau. Même si Adam a toussé et s'est raclé la gorge, le morceau de pomme est resté coincé.

La symbolique de l'arbre et la pomme

Pour les chrétiens et les juifs, l'arbre et la pomme sont des symboles importants. L'arbre représente la vie tandis que la pomme représente la connaissance et la désobéissance.

Des artistes ont représenté leur vision du récit de la création d'Adam et Ève.

L'arbre de la connaissance est souvent représenté sous la forme d'un pommier. La pomme symbolise le fruit défendu et la connaissance.

Adam et Ève dans le jardin d'Éden, 1800, par Peter Wenzel

Le jardin d'Éden, 1504, par Jérôme (Hyeronymus) Bosch

■ Que retiens-tu du récit d'Adam et Ève ?

Dans l'environnement, on peut retrouver ces symboles de pomme et d'arbre. Ils sont parfois utilisés comme sigles de compagnies ou comme emblèmes pour la monnaie.

Autour de toi, reconnais-tu ces symboles ? Nomme-les et indique à quoi ils sont associés.

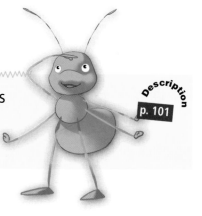

Description p. 101

Le récit du Yin et du Yang

Plusieurs Chinois pratiquent la religion **taoïste**. Voici la légende qu'ils proposent pour expliquer l'origine du monde.

Au début des temps, les forces opposées et complémentaires du Yin et du Yang étaient mélangées, comme dans un œuf. À l'intérieur de cet œuf, le premier être avait été créé : Pan Gu. Après plusieurs années, un conflit entre le Yin et le Yang brisa l'œuf : Pan Gu vint au monde.

Pan Gu repoussa très fort les forces du Yin et du Yang. La force du Yang est devenue le ciel, et celle du Yin est devenue la Terre. À sa mort, Pan Gu se transforma. Son souffle devint Vent, sa sueur devint Pluie et sa voix devint Tonnerre. Son œil gauche devint Soleil et son œil droit devint Lune. Son corps se changea en montagnes et ses puces en êtres humains. Depuis, lorsque Pan Gu est content, il fait beau. Lorsqu'il est en colère, il fait mauvais.

> **Taoïste :**
> Qui se rapporte à une religion d'Extrême-Orient fondée au 6e siècle avant Jésus-Christ, et basée sur le Yin et le Yang.

Des récits et des symboles   63

La symbolique du Yin et du Yang

Dans la philosophie chinoise, tout peut être décrit en termes de Yin et de Yang. Il n'y a pas de Yang sans le Yin, et vice versa. Ils sont inséparables et n'existent que l'un par rapport à l'autre. Ils interagissent ensemble pour favoriser un équilibre permettant au monde de vivre en harmonie.

Le symbole du Yin et du Yang ressemble à deux têtards, l'un noir, l'autre blanc, qui se mordent la queue pour jouer. On représente ce symbole par un cercle divisé en deux parties égales par une ligne en forme de S. La partie Yin est noire, la partie Yang est blanche. Pour montrer que les deux moitiés dépendent l'une de l'autre, un point blanc est tracé dans la partie noire, et un point noir est tracé dans la partie blanche.

■ Que retiens-tu du récit du Yin et du Yang ?

On retrouve dans toutes les religions des symboles liés aux pratiques religieuses.

 Pour les chrétiens, la croix rappelle la mort de Jésus sur la croix. Elle est souvent vide parce que Jésus ne s'y trouve plus. Il a été enterré et il est ressuscité.

 Pour les juifs, l'étoile de David rappelle les six jours de la création. Elle représente aussi l'emblème du roi David, un personnage de la Bible. On retrouve cette étoile sur le drapeau d'Israël.

 Pour les musulmans, le croissant fait référence au calendrier lunaire qu'ils suivent.

 Pour les bouddhistes, la roue symbolise la loi enseignée par le Bouddha, la voie à huit branches.

Connais-tu d'autres symboles qui sont liés à des pratiques religieuses ? Décris-les.

p. 101
Description

Une mosaïque de symboles

Les récits sur l'origine du monde sont nombreux. Ces représentations varient selon les traditions religieuses ou les croyances. Plusieurs symboles, que l'on retrouve encore autour de nous, sont liés à ces récits.

En quelques mots...

Selon les chrétiens et les juifs, Dieu a créé Adam et Ève. Pour les taoïstes, le premier être a été créé par les forces du Yin et du Yang. Le jardin d'Éden et le Yin et le Yang sont des symboles de l'origine du monde.

À ton tour

Pourquoi ne pas faire une mosaïque de symboles ayant un lien avec l'origine du monde ?

– Relève dans chacun des récits des symboles évoquant l'origine du monde.

– Trouve dans des revues, des magazines et des journaux des traces de ces symboles, et fais-en une mosaïque. Tu peux aussi intégrer à ta mosaïque d'autres symboles religieux qui ne sont pas dans les récits. Si tu en utilises, explique leur signification.

Question de point de vue !

p. 104

« Dix élèves dans ma classe ont des ancêtres originaires de la France. Je peux donc dire que tous les Québécois ont des ancêtres français. »   Aurélie

• Dans ses propos, Aurélie fait une généralisation abusive, car elle tire une conclusion qui n'est pas valable.
Pourquoi sa conclusion n'est-elle pas valable ?

Module 6

Des sentiments et des comportements

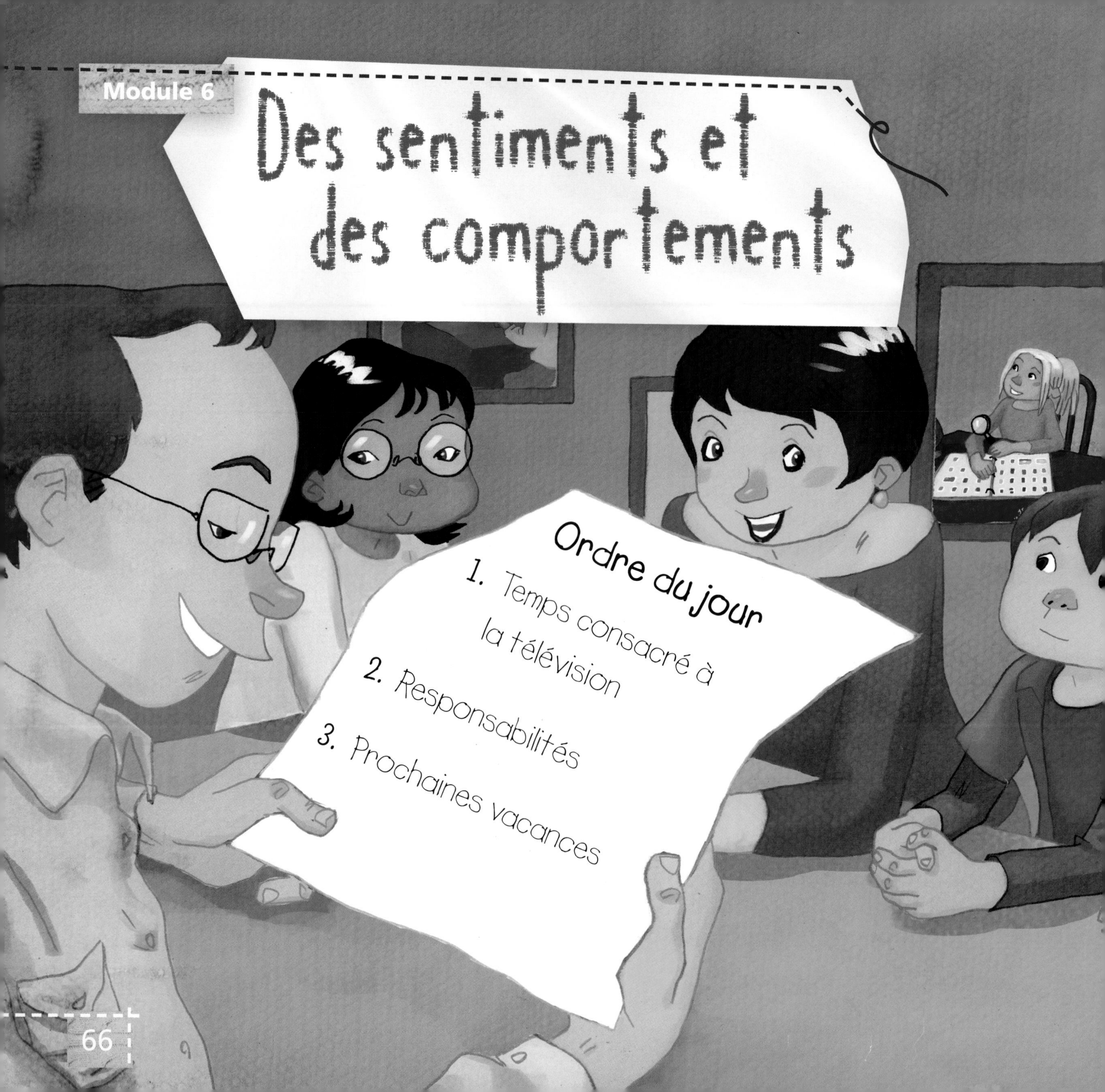

Dans ce module, tu réfléchiras à des actions qui favorisent le bien-être de chaque membre dans une famille. Tu apprendras aussi que la façon dont tu exprimes tes sentiments a de l'influence sur les autres, et que la façon dont les autres expriment les leurs peut aussi t'influencer.

Un cœur en morceaux

Guillaume vient d'apprendre que ses parents vont se séparer. Il est fâché et triste à la fois. La peine et la colère prennent tellement de place à l'intérieur de lui qu'il a l'impression d'avoir un dragon dans le ventre.

Dans la cour d'école, ses amis lui font signe :

– Guillaume, tu viens nous rejoindre ?

– Non, je n'ai pas le cœur à m'amuser, répond-il sèchement.

– Voyons, tu n'as pas l'air de bonne humeur, lance David.

Mais Guillaume n'a rien entendu, il est déjà plus loin.

– Il a l'air triste, dit Alexandre. On devrait aller le voir.

– Moi, je n'y vais pas. Il n'est même pas capable de nous dire bonjour. Alors qu'il reste tout seul, répond David.

À ce moment, on entend la cloche annonçant le début des cours. En classe, Patrice, l'enseignant, demande aux élèves de se placer en équipe pour résoudre des problèmes de mathématique. Léa fait alors signe à Guillaume. Elle aime bien travailler avec lui, car ils ont toujours de bonnes idées ensemble.

– D'accord, Léa. Viens me rejoindre à mon pupitre, dit Guillaume, sans sourire et d'un air plutôt indifférent.

Guillaume a la tête appuyée sur un bras, et son regard est triste. Léa, tout en travaillant, lance des blagues afin de faire rire son ami. Rien ne réussit à faire sourire Guillaume. En écrivant, il casse même la mine de son crayon tellement il est tendu.

– Elles ne sont pas drôles, tes blagues, dit Guillaume en lançant son crayon par terre.

Léa est surprise. Elle ne reconnaît pas son copain, qui est calme et patient, habituellement.

– Quoi ? dit Guillaume. Arrête de me regarder comme ça.

Patrice s'approche et demande :

– Qu'est-ce qui se passe, Guillaume ?

– Rien. Ça va, dit Guillaume, affichant
un sourire forcé.

Quand la cloche sonne pour annoncer
la récréation, les élèves sortent de la classe,
contents d'aller dehors, sauf Guillaume,
qui sort en se traînant les pieds. Patrice
demande discrètement à Alexandre et
à Léa de rester quelques minutes en classe.

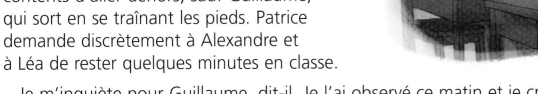

– Je m'inquiète pour Guillaume, dit-il. Je l'ai observé ce matin et je crois que
quelque chose le tracasse. Il ne semble pas avoir envie d'en discuter avec moi.

– Il a été désagréable avec moi, dit Léa. Je n'aime pas me faire parler comme
il l'a fait.

– Je comprends, Léa, dit Patrice. Ce n'est pas agréable de se faire parler rudement.
Même quand on ne va pas bien, on devrait faire attention aux gens qui nous
entourent. Mais c'est parfois vraiment difficile. Je crois qu'il a besoin de
ses amis, en ce moment. Qu'en pensez-vous ?

■ **Quels comportements Guillaume a-t-il eus avec son groupe ?**

Si tu étais le ou la camarade de Guillaume, que ferais-tu ? Pourquoi ?

explication
p. 102

De grands changements

Les parents sont en général des repères dans la vie de leurs enfants. À leur façon, ils les guident, les conseillent, les soutiennent. Une séparation est donc un changement qui peut être bouleversant à la fois pour les parents et les enfants. Tout comme un deuil ou encore un déménagement, cela peut entraîner des sentiments de colère, de déception, de tristesse et d'inquiétude.

Je serai toujours là pour toi.

Snif!

« J'avais cinq ans quand mes parents se sont séparés, mais je m'en souviens. Je me demandais même si c'était à cause de moi. Je leur en ai parlé et ils m'ont expliqué que je n'étais pas du tout responsable de la situation. Ils m'ont dit qu'ils ne s'aimaient plus comme avant. Ils m'ont fait comprendre que même s'ils n'étaient plus un couple, ça ne changeait rien à l'amour qu'ils éprouvaient pour moi. » Mélodie

« Avant que mes parents se séparent, je sentais que quelque chose n'allait pas. Ils se chicanaient souvent. Ces disputes me faisaient de la peine et j'avais de la difficulté à me concentrer à l'école. Lorsqu'ils m'ont annoncé qu'ils allaient vivre dans deux maisons différentes, au départ j'étais déçu. Mais finalement, avec le temps, je me suis rendu compte que ce serait mieux comme ça pour tout le monde. Ce qui m'a aidé aussi, c'est qu'ils ont pris le temps de m'expliquer comment serait ma nouvelle vie, à quel moment j'irais chez l'un et chez l'autre. Ça m'a beaucoup rassuré. » Maxime

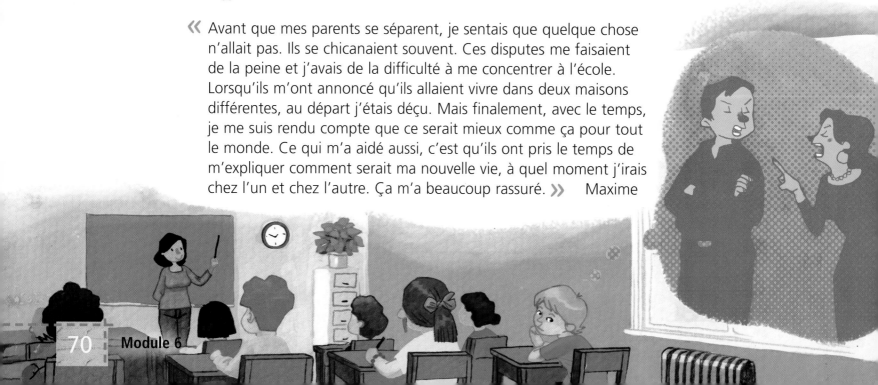

Une séparation est donc non seulement un bouleversement pour les enfants, mais aussi pour les parents. Comme pour tout changement, cela demande une adaptation. Il y a des moyens d'y arriver plus facilement, par exemple en disant ce que l'on ressent, par téléphone, par courrier électronique ou autrement.

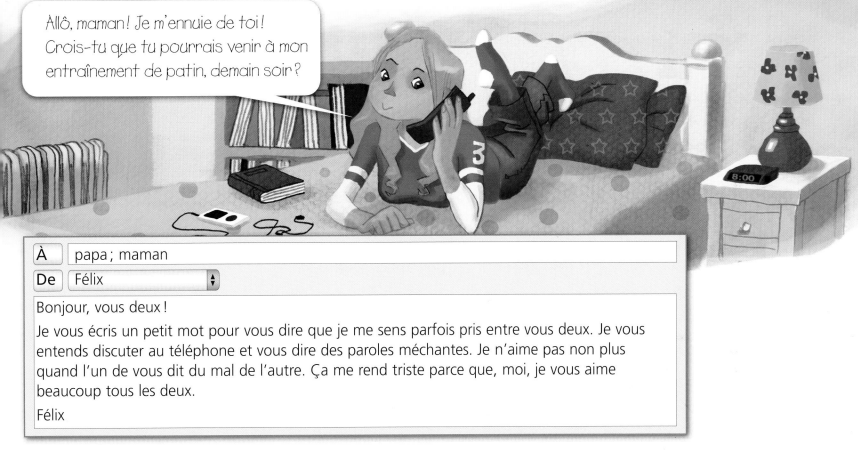

Allô, maman ! Je m'ennuie de toi !
Crois-tu que tu pourrais venir à mon
entraînement de patin, demain soir ?

À	papa ; maman
De	Félix

Bonjour, vous deux !

Je vous écris un petit mot pour vous dire que je me sens parfois pris entre vous deux. Je vous entends discuter au téléphone et vous dire des paroles méchantes. Je n'aime pas non plus quand l'un de vous dit du mal de l'autre. Ça me rend triste parce que, moi, je vous aime beaucoup tous les deux.

Félix

■ **Dans les familles de Mélodie, de Maxime et de Félix, certains comportements ont permis d'éviter ou d'apaiser des sentiments de colère. Lesquels ?**

Penses-tu qu'il est toujours important de communiquer la colère, la déception, la tristesse ou l'inquiétude ? Pourquoi ?

p. 102

Des idées pour favoriser la bonne entente

Comme tu sais, il existe différents types de familles. Il est important que chaque membre s'y sente bien. Plusieurs actions contribuent à faire de la famille un groupe où il fait bon vivre.

Faire des activités ensemble

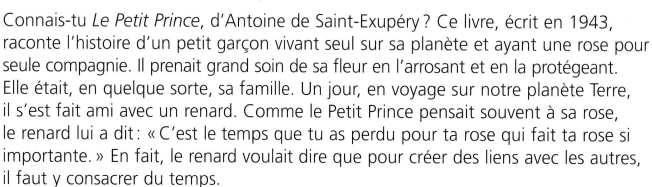

Faire des activités ensemble permet de créer des liens, de se sentir proches les uns des autres. Ces liens amènent les membres de la famille à se soutenir dans les épreuves et à s'encourager lorsqu'ils ont des défis à relever. Ils sont unis, un peu comme le sont les membres d'une équipe sportive.

Pour entretenir ces liens, on peut pratiquer un sport, jouer à des jeux de société, faire des sorties ou simplement discuter ensemble autour d'un repas.

Connais-tu *Le Petit Prince*, d'Antoine de Saint-Exupéry ? Ce livre, écrit en 1943, raconte l'histoire d'un petit garçon vivant seul sur sa planète et ayant une rose pour seule compagnie. Il prenait grand soin de sa fleur en l'arrosant et en la protégeant. Elle était, en quelque sorte, sa famille. Un jour, en voyage sur notre planète Terre, il s'est fait ami avec un renard. Comme le Petit Prince pensait souvent à sa rose, le renard lui a dit : « C'est le temps que tu as perdu pour ta rose qui fait ta rose si importante. » En fait, le renard voulait dire que pour créer des liens avec les autres, il faut y consacrer du temps.

Les infos de Fil

Qu'est-ce qui distingue la famille nucléaire, la famille monoparentale et la famille recomposée ?

La famille nucléaire est composée des parents et de leurs enfants. La famille monoparentale est constituée d'un des deux parents et de son ou ses enfants. La famille recomposée comprend deux parents et leurs enfants respectifs, ou les enfants de l'un des deux.

Se respecter

Dans une famille, chaque personne a sa personnalité, ses intérêts, ses talents, ses rêves. Pour que chaque membre de la famille soit bien dans le groupe et entretienne des liens harmonieux avec les autres, il est souhaitable que chacun tienne compte de ces différences et les respecte.

« Dans ma famille, nous sommes trois enfants, très différents les uns des autres. Mon grand frère adore la musique et suit des cours de saxophone. Ma petite sœur s'intéresse aux timbres et en fait une collection. Moi, j'aime plutôt les sports qui procurent des émotions fortes, comme la planche à roulettes. Mes parents nous encouragent à pratiquer des activités qui nous passionnent. » Michael

« Lorsque ma mère a décidé de retourner aux études pour changer de métier, mon père et moi l'avons encouragée à accomplir son projet. J'étais fière qu'elle réalise enfin son rêve de devenir ébéniste. Moi aussi, quand j'ai des projets, mes parents m'encouragent et m'aident à les réaliser. » Mylène

Trouver ensemble des solutions

En famille, on doit parfois trouver des solutions pour régler un conflit ou pour prendre une décision qui touche tous les membres. C'est plus facile d'y arriver quand tout le monde peut s'exprimer librement et que tout se déroule dans le respect. Voici quelques moyens qui peuvent être utilisés pour y parvenir.

Utiliser un bâton de parole.

Établir ensemble des règles pour faciliter le dialogue.

Je regarde la personne qui me parle.

Faire un conseil de famille.

Ordre du jour
1. Temps consacré à la télévision
2. Responsabilités
3. Prochaines vacances

■ Dans quelles situations utiliserais-tu les idées mentionnées dans le texte ? Pourquoi ?

Crois-tu que la bonne entente est toujours possible ? Partage ton point de vue.

Discussion p. 97

Un peu plus d'harmonie

Comme dans tout groupe, dans la famille, on vit parfois des hauts et parfois des bas. Chacun peut contribuer, par ses attitudes et ses actions, à faire de la maisonnée un lieu où il fait bon vivre.

En quelques mots...

Il existe plusieurs façons de favoriser des relations harmonieuses dans la famille. Faire des activités ensemble et respecter les différences de chacun en sont deux exemples. Quand on se sent bien, on réussit mieux à exprimer ce que l'on ressent, dans les bons et les mauvais moments. On pourrait donc comparer la famille à un port d'attache. Lorsque certains membres vivent des tempêtes, c'est tout l'équipage qui le ressent !

À ton tour

Imagine que tu as le pouvoir de modifier certains comportements pour éviter une situation de conflit dans une famille.

– Avec des camarades, prépare une saynète en deux temps où il est question d'un problème familial.

 – Dans le premier cas, le comportement d'un personnage entraînerait une situation de conflit.

 – Dans le second cas, le comportement du même personnage serait tout autre et la situation de conflit serait évitée ou réglée.

– Présente la saynète avec tes camarades.

Question de point de vue !

p. 104

« Mon frère est plus jeune que moi. Alors, à chaque conseil de famille, je ris de ses idées, je dis qu'elles sont "bébé". »   Ricardo

• Dans ses propos, Ricardo fait une attaque personnelle.

 Pourquoi est-ce une attaque personnelle ?

Moments de silence

Y a-t-il des moments dans la journée où tu as besoin de silence et de tranquillité ? La plupart des gens aiment avoir des moments de calme où ils peuvent réfléchir. De nombreuses personnes croyantes profitent de ces instants pour prier ou méditer. Dans ce module, tu découvriras des pratiques de prière et de méditation.

Une séance de yoga

Aujourd'hui, c'est congé. Jasmine passe la journée avec sa mère, Valérie, qui a décidé de l'amener au centre de conditionnement physique où elle se rend chaque semaine.

– Tu es sûre que ta professeure de yoga est d'accord pour que je t'accompagne ? demande Jasmine.

– Certaine ! répond sa mère. Je lui en ai parlé la semaine dernière et elle a dit que c'était une bonne idée. Viens, entrons !

Jasmine et Valérie prennent un tapis d'exercice et s'installent en avant. Comme c'est la première fois qu'elle fait du yoga, Jasmine veut s'assurer de bien comprendre les explications.

– Bonjour ! Pour les personnes qui se joignent à nous pour la première fois, je me présente. Je suis Josée. Comme le veut la tradition hindoue, je vais vous enseigner le yoga oralement. Vous verrez, les mouvements sont lents. Vous pourrez vous placer plus facilement dans chaque position. Une des choses les plus importantes lorsque l'on fait du yoga est de bien respirer. Une respiration lente et profonde permet une détente extraordinaire du corps. Commençons !

Jasmine écoute attentivement Josée. Elle observe aussi sa mère, qui a l'habitude et qui peut l'aider au besoin. Josée leur apprend plusieurs *asanas* ou positions : le cobra, le chat, l'oiseau, la cigogne, le bourdon, le pont, l'arbre… C'est parfois difficile de garder l'équilibre !

L'arbre

Le chat

Le cobra

Le cours se termine. Pendant que les gens rangent les tapis et quittent la salle, Josée vient voir Jasmine.

– Comment as-tu trouvé le cours ? As-tu des questions ?

– C'était très bien ! J'ai une question. J'aimerais savoir d'où vient le yoga, dit Jasmine.

– Le yoga vient de l'Inde et existerait depuis des milliers d'années. Au début, il se transmettait d'un maître à son élève, oralement. Les pratiques et les connaissances liées au yoga ont été transcrites dans le *Yoga Sutras*, un des nombreux écrits de l'hindouisme.

– Est-ce que ça signifie que le yoga est une religion ?

– Non, pas exactement. Dans l'hindouisme, le yoga est une discipline religieuse. Le yoga comprend des postures, comme celles que je vous ai enseignées, qui facilitent la méditation. Généralement, les hindous mettent en pratique tous les éléments du yoga. Ici, au Québec, plusieurs optent pour le yoga uniquement pour l'exercice et la détente. D'autres personnes combinent le yoga à la méditation, sans le faire de façon religieuse.

– Merci pour ces renseignements, dit Jasmine.

■ **Que retiens-tu du yoga ? Est-ce une religion ?**

L'un des sens du mot « yoga » est *union*. Le but premier du yoga est la recherche d'une union, d'une harmonie entre le corps et l'esprit. Comme beaucoup de gens souhaitent trouver cette harmonie, le yoga attire de nombreux adeptes, de religions diverses ou n'ayant aucune appartenance religieuse.

Quelles actions fais-tu lorsque tu veux te détendre ou être tranquille ? Décris-les.

Le pont

L'oiseau

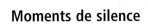

p. 101
Description

Des pratiques de prière et de méditation

La prière est une pratique importante dans toutes les religions. Pour les personnes croyantes, prier, c'est parler à Dieu. Il existe plusieurs façons de le faire. On peut inventer des prières ou en réciter qui sont tirées de livres sacrés. On peut prier seul ou en groupe, en adoptant différentes postures.

Chez les chrétiens

Lorsqu'ils prient, certains chrétiens joignent les mains et se placent à genoux. D'autres préfèrent prier assis ou debout, à voix haute ou en silence, les yeux ouverts ou fermés, dans un endroit isolé ou en faisant leurs activités quotidiennes.

Les chrétiens aiment prier seuls ou en groupe. La prière la plus importante pour les chrétiens est le *Notre-Père*. Ils récitent parfois des psaumes et chantent des cantiques, des prières tirées de l'Ancien Testament. Mais ils prient surtout en utilisant leurs propres mots.

Les chrétiens orthodoxes accordent une grande importance aux icônes. Il s'agit d'images représentant des scènes de la Bible ou des saints, écrites par des artistes de leur communauté ayant reçu une formation artistique et spirituelle. Les orthodoxes se placent devant les icônes pour prier. En présence des ces icônes qu'ils contemplent, les orthodoxes se sentent plus près de Dieu.

Chez les juifs

On nomme parfois les juifs « le peuple de la prière ». La religion juive recommande aux fidèles de prier trois fois par jour : le matin, l'après-midi et le soir. Ils peuvent prier seuls, mais beaucoup le font en groupe.

Certains juifs très pratiquants prient jusqu'à cent fois par jour. En général, pour prier, les hommes mettent une petite calotte, la kippa, et un tallit, le châle de prières. Le matin, ils portent également les teffilins. Les prières juives sont regroupées dans un livre appelé *Siddour*.

Rappel

Les teffilins sont les deux boîtes contenant des extraits de la Torah, que certains juifs pratiquants portent sur la tête et sur le bras gauche lors des prières.

Chez les hindous

Dans la tradition hindoue, on prononce la syllabe sacrée *Aum* au début et à la fin des prières. Des hindous disent que la syllabe sacrée *Aum* existait au commencement des temps et que les vibrations qu'elle a alors entraînées ont déclenché la création du monde. Lorsqu'ils prient, les fidèles s'installent devant une image ou une statue, qu'ils considèrent habitée par la divinité représentée. Les hindous pratiquent la contemplation : ils regardent longuement cette image pour se sentir en présence du dieu ou de la déesse.

Les hindous pratiquent les ablutions le matin : ils se lavent avant la prière afin de se purifier. Ensuite, ils baignent la représentation divine en la couvrant d'eau. Les hindous pratiquent aussi les bains de purification dans les cours d'eau.

Chez les musulmans

De nombreux musulmans prient tous les jours pour rendre grâce à Dieu. Ces prières sont les mêmes pour tous. En plus, beaucoup de musulmans y ajoutent des prières individuelles, utilisant parfois l'équivalent d'un chapelet. La plupart des musulmans utilisent un tapis, mais ils peuvent prier à même le sol si celui-ci est propre.

Pour les hommes musulmans, la prière du vendredi midi doit normalement se faire en communauté, à la mosquée. Avant la prière, les musulmans se lavent les mains de manière rituelle. Ce sont les ablutions.

L'islam recommande aux croyants de prier cinq fois par jour. Ils commencent la prière par la première sourate du Coran appelée la *Fatiha*. Elle se fait dans une série de positions (debout, penché à demi, prosterné et agenouillé) dans un enchaînement de positions dont la fréquence varie selon l'heure de la prière.

■ Que retiens-tu des pratiques de prière et de méditation chez les chrétiens ? chez les juifs ? chez les hindous ? chez les musulmans ?

La langue du Coran est l'arabe. Certains musulmans pratiquent la calligraphie, afin de transcrire des passages du Coran. Ils décorent des objets avec leur belle écriture, qui prennent alors un sens religieux.

Si tu choisissais une phrase à écrire sur un objet qui t'est précieux, quelle serait cette phrase ? Quel serait cet objet ? Explique-la.

Explication
p. 102

Des pratiques différentes

Les rites et les coutumes varient selon les religions et les croyances. Cela s'applique également aux pratiques de prière et de méditation.

En quelques mots...

Dans la plupart des religions, la prière ou la méditation occupent une place importante. Les façons de prier sont différentes d'une religion à une autre. Certaines personnes n'appartiennent à aucune religion, mais pratiquent la méditation.

À ton tour

En équipe, fabrique un jeu (jeu d'association ou jeu-questionnaire) qui te permettra de faire la synthèse de tes découvertes.

– Pour chaque religion vue dans ce module, choisis des pratiques religieuses.

– Décris ces pratiques en mots et illustre-les.

– Trouve une façon de présenter ces renseignements sous forme de jeu.

Question de point de vue!

p. 103

« Moi, j'aime pratiquer le yoga. »   Laurie

• Dans ses propos, Laurie fait un jugement de préférence.
  Quelles questions poserais-tu à Laurie pour connaître les raisons de ses préférences ?

Sur les traces du passé

15e siècle

17e siècle

Voici des gens qui vivaient au Québec il y a très longtemps.
Dans ce module, tu découvriras les traces que ces gens ont laissées,
et tu pourras faire des liens entre celles-ci et leurs croyances religieuses.

Sur la route...

Jérôme est confortablement assis à l'arrière de la voiture. Sa famille et lui ont plusieurs heures de route à faire pour revenir à la maison. Ils sont allés voir des parents dans la région du Saguenay. Ils ont quitté la ville de La Baie après le déjeuner. Ils devraient donc arriver en fin d'après-midi à la maison, située dans le quartier Notre-Dame-de-Grâce à Montréal.

Jérôme aime bien faire de la route. Il adore lire les magazines que sa mère lui achète pour le voyage. Avec sa petite sœur Marianne, il s'amuse aussi à compter les voitures rouges qu'ils croisent. Depuis une vingtaine de minutes, elle s'est endormie. Il en profite pour laisser son regard vagabonder et admirer le paysage qui défile sous ses yeux. Il remarque plusieurs pancartes vertes où figurent des noms de villes. Jérôme s'invente alors un jeu : noter, autant que sa rapidité le lui permet, les noms de villes et villages qu'il croise. Il essaiera ensuite de les trouver sur la carte routière.

Jérôme note plusieurs lieux : Saint-Félix-d'Otis, l'Anse-Saint-Jean, Saint-Siméon. Ils s'arrêtent à Saint-Irénée, où ils font le plein d'essence. Ils reprennent la route qui longe le fleuve Saint-Laurent, puis voient passer d'autres noms de villes : Baie-Saint-Paul, Saint-Tite-des-Caps, Sainte-Anne-de-Beaupré. Jérôme aperçoit également des noms comme Sainte-Foy, Sainte-Anne-de-la-Pérade, Sainte-Geneviève-de-Berthier. Il se demande pourquoi tant de villes ont un nom qui débute par « Saint » ou « Sainte ». Ses parents lui expliquent que c'est un héritage de la religion catholique.

La voiture roule en direction du quartier Notre-Dame-de-Grâce lorsque sa petite sœur se réveille, juste à temps pour entendre la proposition de son père. Jérôme est emballé : la fin de semaine prochaine, ils visiteront le musée de la Pointe-à-Callière, dans le Vieux-Montréal. C'est le musée d'archéologie et d'histoire de Montréal. Là, Jérôme trouvera beaucoup de réponses aux questions qui ont surgi pendant le trajet du retour.

■ Quelle est l'origine du nom de ton école ?

En observant les noms de villes, de rues, d'édifices ou de cours d'eau, on peut reconnaître l'héritage qu'ont laissé les Amérindiens, les catholiques et les protestants au Québec.

Dans les noms de lieux de ta municipalité, quelles traces du passé ont été laissées par les Amérindiens ? par les catholiques ? par les protestants ? Décris-les.

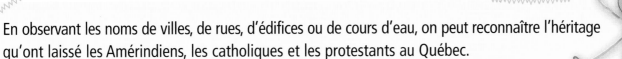

Description
p. 101

Nos ancêtres

Autrefois, le territoire québécois était occupé exclusivement par les peuples autochtones. Ils pensaient que chaque élément de la nature était animé d'un esprit. Ensuite, au 17e siècle, les Français sont venus fonder la Nouvelle-France. Avec eux est arrivée la religion catholique au Québec. Au 18e siècle, ce sont les Anglais qui sont venus s'installer, apportant avec eux la religion protestante.

Chez les Autochtones

« Nous vivons de chasse et de pêche. Nous partageons nos biens entre nous. Nous respectons la nature car nous croyons que les arbres, l'eau, le vent et les animaux sont animés par un esprit. Dans nos rêves, les Esprits protecteurs nous apportent souvent des messages. Le chaman nous aide à les comprendre. Pour remercier ces Esprits, nous dansons et chantons au son des tambours. Pour nous, c'est une façon de prier. »

Annionen, un Amérindien-wendat

Pour les Autochtones, l'entraide avait une telle importance qu'il n'y avait pas de pauvreté dans les tribus. Le respect de l'environnement était une autre valeur essentielle. Selon leurs croyances, pour rester en bons termes avec le monde des esprits, il fallait faire attention à la Terre. Les Autochtones considéraient qu'ils faisaient partie de la nature au même titre que les animaux, les plantes, l'eau ou le vent. Comme ils en connaissaient bien les secrets, ils avaient à cœur de protéger les ressources dont dépendait leur vie.

Chez les Français catholiques

« Ma famille et moi, nous cultivons la terre et élevons des animaux. Nous travaillons très fort. Nos voisins et notre parenté nous donnent un coup de main pour les grands travaux, comme la construction de notre maison. Nous organisons des veillées où nous chantons, dansons et jouons aux cartes. Nous pratiquons la religion catholique, entre autres en allant à la messe le dimanche pour prier. Le curé, notre guide spirituel, nous aide à comprendre les messages de Dieu écrits dans la Bible. »

François Côté, colon français

L'importance que les colons français de la Nouvelle-France accordaient à l'entraide vient en partie de la religion. En grande majorité catholiques, les colons français respectaient le message de Jésus qui disait : « Aimez-vous les uns les autres ». Les personnes plus aisées aidaient donc les gens dans le besoin. L'entraide prenait aussi tout son sens en raison des conditions de vie difficiles liées au climat rigoureux de ce vaste territoire. Il était donc avantageux et souhaitable de s'entraider, de pouvoir compter les uns sur les autres pour survivre et avoir une vie meilleure.

Chez les Anglais protestants

« Ma famille et moi tenons un commerce de chapeaux. Nous avons fondé, avec d'autres marchands, une association qui aide financièrement les veuves dans le besoin à élever leurs enfants. Nous pratiquons la religion protestante. Comme les catholiques, nous nous rassemblons à l'église le dimanche pour prier. Notre guide spirituel est un pasteur. C'est lui qui nous enseigne la Bible. Il sait bien nous conseiller. Comme d'autres membres de la communauté, il est marié et a des enfants. »   James Craig, commerçant anglais

Les premiers arrivants anglais étaient en majorité des marchands. Ils étaient convaincus qu'il leur fallait une bonne formation pour développer leurs compétences et exploiter leurs commerces. Ils accordaient donc une grande valeur à l'éducation. Comme plusieurs d'entre eux avaient un bon revenu, ils pouvaient aider les plus démunis.

■ Quelle valeur partagent les trois religions : le catholicisme, le protestantisme et les spiritualités autochtones ?

Depuis le 19ᵉ siècle, des immigrants de partout à travers le monde sont arrivés au Québec. Aujourd'hui, dans la société québécoise, on retrouve diverses nationalités et plusieurs religions.

Quelles sont-elles ? Nomme-les.

Discussion p. 97

Un peu de toponymie

La rue Sainte-Catherine, le faubourg Saint-Denis, la région du Saguenay, le quartier Hochelaga, la ville de Sherbrooke, le mont Orford, le village d'Eastman, voilà autant de noms dont on peut retracer l'origine. Comme tu le sais, plusieurs lieux du Québec ont été désignés ainsi, au fil du temps, par ceux qui ont peuplé le territoire ou en leur mémoire.

Mais pourquoi tant de villes et de rues portent-elles le nom de « Saint » ou « Sainte » ? En fait, jusqu'au début des années 1970, la pratique de la religion catholique occupait une place très importante au Québec. C'est la raison pour laquelle on a souvent fait précéder les noms par ces deux mots. Quant aux noms de lieux à consonance étrangère, ils viennent généralement des peuples autochtones. Enfin, beaucoup de noms de villes et de rues sont anglophones au Québec.

Sur la trace des Autochtones

Les Amérindiens attribuaient aux lieux des noms qui étaient un peu comme des descriptions. Cela les aidait à se comprendre et à se situer plus facilement.

La réserve d'Oka.

La rivière Saguenay.

Oka vient du nom *Okow*, un mot algonquin qui signifie « poisson doré », variété que l'on pêche encore à Oka.

Saguenay vient du mot amérindien *saki-nip*, qui signifie « eau qui sort » ou « source de l'eau ».

Le lac Memphrémagog.

Le centre de villégiature Papinachois.

Le mot Memphrémagog est la déformation de *mamhlawbagak*, un mot abénaquis signifiant « à la grande étendue d'eau » ou « au lac vaste ».

Le mot Papinachois est un dérivé du nom montagnais *ka papeshet*, qui signifie « ceux qui aiment rire » ou « gens rieurs ».

Les infos de Fil

Pour de nombreux Amérindiens qui vivent en forêt ou pour les Inuit qui vivent dans l'Arctique, certains lieux sont habités par des entités non humaines qu'il est possible de rencontrer à l'occasion. Les chasseurs relatent souvent leurs expériences avec ces esprits aux plus jeunes générations afin de les préparer à telles rencontres.

Sur la trace des catholiques français

La place Ville-Marie.

La place Ville-Marie est le premier gratte-ciel construit à Montréal. Son nom, Ville-Marie, est le premier que Maisonneuve et Jeanne Mance avaient donné à Montréal. Ils avaient baptisé la ville ainsi en l'honneur de la mère de Jésus, Marie.

L'hôpital Sainte-Justine.

Cet hôpital pour enfants tient son nom de sa fondatrice Justine Lacoste-Beaubien qui, grâce à l'aide d'une congrégation religieuse catholique, a pu former des infirmières spécialisées en pédiatrie.

L'école Saint-Simon à Drummondville.

L'école Saint-Simon à Drummondville, bâtie en 1937, constitue une autre trace de l'héritage catholique. Saint Simon était un apôtre de Jésus. Plusieurs autres écoles au Québec portent un nom composé à l'aide du mot « saint ».

Le frère Marie-Victorin.

Le frère Marie-Victorin, un frère des Écoles chrétiennes, a fondé le jardin botanique de Montréal. Son apport au développement de l'éducation au Québec est tel que plusieurs rues, écoles, commissions scolaires et bien d'autres lieux portent son nom.

Sur la trace des protestants

Église Presbytérienne, Charny (Chaudière-Appalaches)

Village de Harrington-Harbour (Côte-Nord)

Ce temple, de style néo-gothique a été construit en 1921. C'est la dernière église protestante de la rive-sud du fleuve St-Laurent.

Ce village est bâti sur une île rocheuse, près de Chevery. C'est dans ce village qu'a été construit le premier hôpital de la Basse-Côte, par une mission protestante, en 1906, pour soigner les pêcheurs de la région.

Village de Weir-Arundel (Laurentides)

Église de Sainte-Marcelline, Sainte-Marcelline-de-Kildare (Lanaudière)

Au début des années 1860, des colonisateurs anglo-protestants, venant d'Argenteuil, remontent la rivière Rouge et viennent développer la région de Weir et Arundel.

C'est une petite église typique des cantons peuplés par les protestants. On surnomme ces églises « mitaines », de l'anglais : « meeting house ».

■ À partir d'une liste, peux-tu classer des noms de lieux d'origine amérindienne, catholique ou protestante ?

Au 18e et au 19e siècle, plusieurs protestants de l'Angleterre, d'Écosse et de Suisse sont venus s'installer dans la région des Cantons-de-l'Est. C'est pourquoi on retrouve plusieurs noms d'origine anglaise et des traces de la religion protestante dans cette région.

Connais-tu un édifice, un monument portant un nom d'origine d'origine protestante ? Nomme-le.

Description p. 101

Les noms, aujourd'hui

De nos jours, la Commission de **toponymie** du Québec se charge de nommer ou de renommer au besoin les rues, les montagnes, les lacs, etc., en respectant de nombreux critères. Par exemple, seuls les noms de personnes décédées depuis plus d'un an et ayant une grande importance historique ou un lien évident avec le lieu à nommer peuvent être utilisés. On privilégie les noms en français afin de promouvoir cette langue.

Toponymie :
Ensemble des noms de lieux.

En quelques mots...

À travers leurs religions respectives, les Amérindiens, les catholiques et les protestants cultivaient la valeur d'entraide. Plusieurs noms de rues, d'édifices et de cours d'eau témoignent encore de leur passage et de leur influence sur notre territoire.

À ton tour

Fais une courte recherche pour connaître l'origine du nom de ta ville ou de ton village.

Imagine que tu écris à la Commission de toponymie du Québec afin de proposer un nouveau nom pour la rue principale de ta ville, en justifiant ton choix. Quel serait ton texte ?

Question de point de vue !

p. 103

« J'ai entendu dire que le lac Memphrémagog est habité par un monstre. »   Mathéo

- En donnant ces informations, Mathéo fait un jugement de réalité.
  Vérifie s'il est vrai ou faux.
  – D'où viennent les informations de Mathéo ?
  – S'agit-il d'une source fiable ?

La boîte de dialogue

Salut ! Je m'appelle Unik. Je vis en colonie, avec d'autres fourmis de mon espèce. Comme les pièces de tissu d'une courtepointe, nous nous ressemblons, mais nous sommes aussi bien différentes les unes des autres.

Quand j'ai des choix difficiles à faire, j'essaie d'opter pour une solution qui favorise l'harmonie au sein de la colonie et qui respecte chaque individu. Pour y arriver, j'utilise certaines règles qui aident au dialogue.

Dans une colonie, le dialogue est essentiel. On peut le comparer au fil qui assemble les pièces de tissu de la courtepointe. Le dialogue m'aide à mieux me connaître, à mieux comprendre les autres et à les respecter.

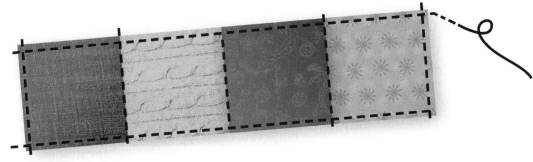

Les pages qui suivent te proposent des trucs. Utilise-les pour répondre aux questions posées en éthique (pavé vert), en culture religieuse (pavé jaune) ou dans la rubrique **Question de point de vue !**

Des formes de dialogue

Le dialogue peut prendre différentes formes.

1 Une **conversation**, c'est un échange entre deux ou plusieurs personnes. On y partage des idées ou des expériences qu'on a vécues.

Érika et Maélie sont en grande conversation : elles se racontent leurs vacances d'été.

2 Une **discussion** se déroule entre deux ou plusieurs personnes. C'est un échange organisé d'opinions ou d'idées. On écoute attentivement ces opinions ou ces idées et on tente de bien les comprendre.

Marco, Sabrina et Antoine sont en grande discussion. Tour à tour, ils disent ce qu'ils pensent du film qu'ils viennent de voir. Ils discutent de ce qui est le plus intéressant dans le film et de ce qui est le moins réussi.

3 Une **narration**, c'est un récit oral ou écrit d'une suite de faits ou d'événements.

Raphaëlle raconte à Sylvianne comment elle s'est cassé le bras dans son cours de gymnastique.

4 Une **délibération**, c'est un échange en groupe qui vise à prendre une décision commune. On réfléchit d'abord ensemble à la situation. On tente ensuite de déterminer ce qui est important et dont on doit tenir compte. Enfin, on évalue les conséquences des décisions proposées, puis on en choisit une.

Sarah, Louisa, Mathias et Édouard planifient une activité sportive pour la classe. Ils ont réfléchi et remarqué que chacun a des goûts différents. Ils se rappellent que Joël a une jambe cassée. Ils discutent et se mettent d'accord pour trouver une activité à laquelle toute la classe pourra participer. Ils choisissent de jouer au hockey. Ils proposeront à Joël d'être gardien de but, assis dans son fauteuil roulant.

5 Une **entrevue** se déroule entre deux ou plusieurs personnes. On interroge une personne sur ses activités, ses idées, ses expériences, etc.

Jérémie interroge Jade sur ses plus beaux souvenirs de vacances. Elle lui parle de son expérience de camping et de son voyage de pêche en canot. Jérémie lui pose des questions pour avoir des détails.

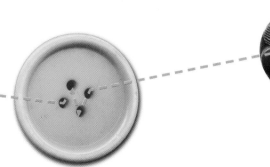

Des règles à respecter pour un dialogue efficace

Certaines règles permettent de pratiquer le dialogue de façon efficace et respectueuse. En voici quelques-unes.

Avant...

 1 Pense à ce que tu pourrais dire et à ce que tu sais déjà sur le sujet. Réfléchis à tes goûts, à tes sentiments, à tes idées et à tes opinions.

 2 Choisis les éléments importants et décide de la façon dont tu vas les présenter.

Pendant...

 3 Attends ton tour pour parler.

 **4** Exprime-toi clairement et calmement. Prête attention à tes gestes, aux intonations de ta voix et aux expressions de ton visage.

5 Assure-toi que la façon dont tu t'exprimes favorise l'harmonie et la bonne entente et qu'elle respecte chaque personne.

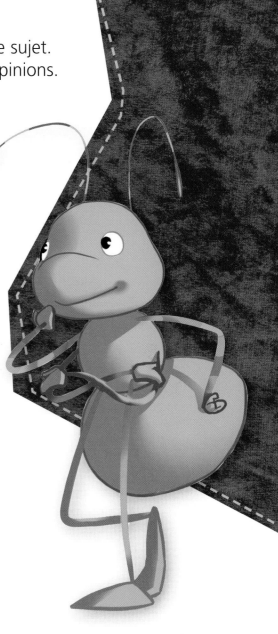
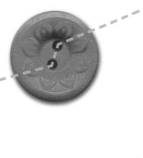
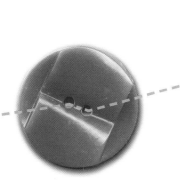

6 Appuie tes propos à l'aide d'explications ou d'exemples.

 **7** Écoute attentivement lorsqu'une personne parle. Respecte ses idées et ses opinions. Prête attention à ses gestes, aux intonations de sa voix et aux expressions de son visage.

 **8** Pose des questions pour t'aider à comprendre les idées des autres.

Après...

 9 Compare les différentes idées. Observe ce qui crée des tensions ou des conflits, s'il y a lieu. Observe ce qui est accepté par plusieurs.

 10 Reviens sur le déroulement du dialogue.

– Est-ce que tes idées ont changé ? Pourquoi ?

– Qu'as-tu appris sur le sujet ? sur la façon de dialoguer ?

– Est-ce que le dialogue t'a permis de mieux comprendre les idées des autres ?

Des moyens pour élaborer un point de vue

Dans un dialogue, tu peux utiliser différents moyens pour construire ton opinion, ton point de vue. En voici quelques-uns. Le choix des mots est important.

 Faire une **description** de quelque chose, c'est en faire le meilleur portrait possible. Pour choisir les bons renseignements, on tente de répondre aux questions suivantes : Qui ? Quoi ? Où ? Quand ? Comment ? Pourquoi ? Combien ?

Exemple : Thomas décrit un organisme d'entraide.

« La Société de Saint-Vincent de Paul existe depuis plusieurs années. Son rôle est de venir en aide aux gens démunis. Les membres font la collecte de vêtements, de meubles, de jouets. Tous ces biens sont redistribués à des gens dans le besoin. Depuis sa fondation, l'organisme a apporté de l'aide à des milliers de personnes. »

 Faire une **comparaison**, c'est trouver les différences et les ressemblances entre des situations, des personnes ou des choses.

Exemple : Judith compare les règles de vie dans son école et celles qui sont en vigueur à une autre école.

« À mon école, quand la cloche annonce la fin de la récréation, chacun entre à l'intérieur de l'école, sans attendre. On doit entrer calmement et parler à voix basse. À l'école de ma cousine, c'est un peu différent. Lorsque la cloche sonne, les élèves prennent leur rang en silence devant la porte. Ils doivent attendre le signal pour entrer. Eux aussi doivent entrer calmement, mais ils n'ont pas le droit de chuchoter. C'est le silence complet. »

3 Faire une **synthèse**, c'est résumer les éléments importants d'une situation ou d'un fait.

Exemple : Marilou fait la synthèse de récit de la Création des chrétiens et des juifs.

« Le récit de la Création raconte qu'au premier jour, Dieu créa le jour et la nuit. Le deuxième jour, Dieu créa le ciel. Le troisième jour, Dieu créa la mer, les continents et la végétation. Le quatrième jour, Dieu créa le Soleil, la lune et les étoiles. Le cinquième jour, Dieu créa les animaux marins et les oiseaux. Le sixième jour, Dieu créa les animaux terrestres, l'homme et la femme. Enfin, le septième jour, Dieu avait achevé son œuvre et il se reposa. »

4 Donner une **explication**, c'est faire connaître ou faire comprendre le sens de quelque chose. Pour y arriver, on présente des exemples, on donne des détails et on définit les mots nouveaux ou difficiles.

Exemple : Le directeur de l'école explique une règle de sécurité de l'école.

« Désormais, il sera interdit de lancer des boules de neige dans la cour d'école, car il est dangereux de le faire. La glace dans les boules de neige peut blesser la personne qui les reçoit. Cette règle sera appliquée le matin, avant le début des classes, pendant les récréations du matin, du midi et de l'après-midi, et au service de garde, le soir. »

Des moyens pour interroger un point de vue

Pour dialoguer de façon efficace, il est utile de savoir interroger un point de vue. Cela permet de distinguer certains types de jugements que tu pourras utiliser, et de reconnaître certains procédés qui peuvent nuire au dialogue.

Différents types de jugements

Voici trois types de jugements. Certaines questions peuvent être posées pour les reconnaître et pour mieux comprendre les idées et les opinions des autres.

1 Un **jugement de préférence**, c'est une phrase qui exprime un goût, une préférence.

 J'aime les festivités de l'Halloween.

Tu as sûrement une raison. Pourquoi aimes-tu cela ?

2 Un **jugement de prescription**, c'est une phrase dans laquelle on donne une recommandation, un ordre ou on dicte une règle.

Il faut respecter l'environnement.

Pourquoi est-ce important ? Est-ce que tu crois que c'est possible de respecter cette règle ?

3 Un **jugement de réalité**, c'est une phrase dans laquelle on raconte un événement ou on donne un renseignement. Ce jugement peut être faux !

 Les jeunes se préoccupent de leur santé.

D'où vient ce renseignement : d'une observation que tu as faite ? d'une personne qui te l'a dit ? d'une personne qui connaît bien le sujet ? Peux-tu vérifier cette information dans un livre ou auprès d'une personne ressource ?

Des paroles qui peuvent nuire au dialogue

Certaines paroles peuvent nuire au dialogue. Évite de les utiliser. Exerce-toi aussi à les reconnaître lorsque d'autres personnes les prononcent.

 **1** **La généralisation abusive**

 J'ai acheté des souliers que je trouvais très beaux. Ils ne sont pas confortables! Je n'achèterai plus jamais de beaux souliers, car les beaux souliers font mal aux pieds.

Fil, tu ne peux pas te faire une opinion avec une seule observation! Cela n'est pas suffisant.

2 **L'attaque personnelle**

 Marc-Olivier est souvent malade, donc il ne peut pas nous dire comment développer une bonne forme physique.

Quand tu juges Marc-Olivier de cette façon, tu fais une attaque personnelle. Laisse-le plutôt s'exprimer, tu constateras peut-être qu'il sait quoi faire pour développer une bonne forme physique.

3 **L'appel au clan**

 Mes amis n'ont pas aimé faire du ski alpin. Alors, je n'essaierai jamais d'en faire, car c'est un sport vraiment ennuyant.

Fil, c'est seulement l'opinion d'un petit groupe de personnes. Tu peux avoir une opinion différente de celle des gens que tu aimes. Tu peux avoir la même. Il se peut aussi que ton opinion soit identique à celle de gens que tu apprécies moins.

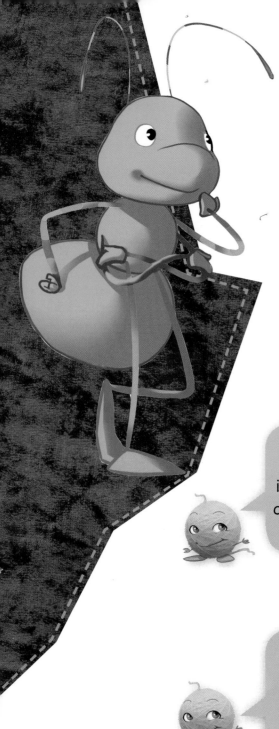

Glossaire

Aïeul :	Ancêtre.
Alliance :	Anneau de mariage, bague.
Crémation :	Action de brûler le corps des morts.
Culture :	Ensemble des connaissances, des pensées et des façons de vivre d'une société.
Discrimination :	Fait de distinguer un groupe humain ou une personne des autres, à son détriment.
Encenser :	Purifier et faire monter vers Dieu en balançant un contenant dans lequel brûle de l'encens.
Linceul :	Pièce de tissu ou de toile dans laquelle on ensevelit un mort.
Mutuel :	Qui se fait entre deux ou plusieurs personnes.
Parti politique :	Regroupement de personnes partageant des idées communes sur la façon de gouverner un pays.
Racisme :	Parole ou comportement négatif envers des personnes d'une ethnie et d'une culture différentes que l'on juge inférieures.
Résurrection :	Action de revenir à la vie après la mort.
Salon funéraire :	Établissement où se réunissent les proches pour rendre un hommage à la personne décédée.
Sari :	Costume féminin composé d'une longue pièce de tissu drapée et ajustée sans couture ni épingle.
Serment :	Promesse.
Taoïste :	Qui se rapporte à une religion d'Extrême-Orient fondée au 6e siècle avant Jésus-Christ, et basée sur le Yin et le Yang.
Toponymie :	Ensemble des noms de lieux.
Urne :	Vase dans lequel on fait brûler les parchemins dans certains mariages. Vase qu'on utilise pour conserver les cendres d'une personne décédée.